W0173985

*Blick durch die Fontänen von der Strelka zur Peter-Paul-Festung*
(St. Petersburg)

# KreuzfahrtHandbuch

## Pia Thauwald

# Russland: Flusskreuzfahrt von Moskau nach Sankt Petersburg

# Russland: Flusskreuzfahrt von

Der Autor und der Verlag sind für Lesertipps und Verbesserungen (besonders per E-Mail) unter Angabe der Auflagen- und Seitennummer dankbar.

Dieses OutdoorHandbuch hat 192 Seiten mit 85 farbigen Abbildungen, 5 farbigen Kartenskizzen und 1 farbigen, ausklappbaren Übersichtskarte. Es wurde auf chlorfrei gebleichtem Papier gedruckt, in Deutschland klimaneutral hergestellt und transportiert und wegen der größeren Strapazierfähigkeit mit PUR-Kleber gebunden.

Klimaneutral
Druckprodukt
ClimatePartner.com/10951-1803-1004

Dieses Buch ist im Buchhandel und in Outdoor-Läden erhältlich und kann im Internet oder direkt beim Verlag bestellt werden.

# Moskau nach Sankt Petersburg 5

OutdoorHandbuch aus der Reihe „Cruise"

ISBN 978-3-86686-720-8         7., überarbeitete Auflage 2018

© Basiswissen für draussen, Der Weg ist das Ziel und FernwehSchmöker sind urheberrechtlich geschützte Reihennamen für Bücher des Conrad Stein Verlags

Text und Fotos: Pia Thauwald
Karten: Heide Schwinn, Manuela Dastig
Lektorat: Kerstin Becker
Layout: Anna-Lena Ebner

Gesamtherstellung: Gutenberg Beuys feindruckerei

Dieses OutdoorHandbuch wurde konzipiert und redaktionell erstellt vom:

Conrad Stein Verlag GmbH, Kiefernstr. 6, 59514 Welver,
☎ 023 84/96 39 12, FAX 023 84/96 39 13,
✍ info@conrad-stein-verlag.de,
🖥 www.conrad-stein-verlag.de

Besuchen Sie uns bei Facebook & Instagram:

 www.facebook.com/outdoorverlag

 www.instagram.com/outdoorverlag

Titelfoto: Passagierschiff auf dem Onegasee

# Inhalt

## Beschreibung der Schiffsreise

## Streckenverlauf

## 📖 Karten

# Vorwort

*Sonnenuntergang auf dem Onegasee*

*„Russland ist mit dem Verstand nicht zu begreifen,*
*mit der gewöhnlichen Eile nicht auszumessen.*
*Es hat einen besonderen Charakter –*
*an Russland kann man nur glauben."*
*Fjodor Tjutschew*

Über Jahrhunderte wurden Regionen und Städte über Wasserwege entdeckt, erschlossen und erobert. Während Flussfahrten früher unbequem und gefährlich waren, gelten sie in der heutigen hektischen Zeit als Luxus der Entschleunigung. Eine Flusskreuzfahrt bietet die Möglichkeit des Reisens anstatt des Rasens, die Chance, die Welt aus einer anderen Perspektive für sich neu zu entdecken.

Bereits Peter der Große hatte die Vision von einem Wasserweg zwischen Moskau und St. Petersburg. Während er die Erfüllung dieses Traumes selbst nicht mehr erlebte, ist es uns heute möglich die einzigartigen Wasserstraßen, die die beiden Zarenstädte verbinden, quer durch das Herz Russlands zu befahren.

Der Reisende erlebt die Metropolen Moskau und St. Petersburg mit ihren einzigartigen und reichen Kunstschätzen und Palästen, die malerischen Uferlandschaften an Wolga, Swir und Newa, die Schönheit Kareliens und die endlos scheinenden Weiten des Onega- und Ladogasees.

*„Die größte Sehenswürdigkeit ist die Welt."*
*Kurt Tucholsky*

Lauschen Sie in den vielen wunderschönen Kathedralen entlang der Wasserstraße dem Klang orthodoxer Kirchenmusik und bestaunen Sie jahrhundertealte Ikonenmalerei.

Hören Sie den Klang der Balalaika, erfahren Sie den Mythos von Mütterchen Wolga, staunen Sie beim Anblick der Schätze des Goldenen Rings, genießen Sie die Schönheit und Vielfalt eines Landes, das Heimat vieler Völker ist, lassen Sie sich ein, die russische Seele zu spüren.

*„Sahest Du ein Glück vorübergehen,*
*das nie sich wieder findet,*
*ist's gut, in einen Strom zu sehn,*
*wo alles wogt und schwindet."*
*Nikolaus Lenau*

Reisen Sie komfortabel durchs Reich der Zaren und erleben Sie Russland von seiner schönsten Seite. Alte Städte mit Kultur und Tradition, ehrwürdige Klöster, verschlafene Dörfer, neugierige und freundliche Menschen und weite Landschaften erwarten den Reisenden. Neben täglichen Besichtigungen bleibt Zeit die Eindrücke zu verarbeiten, die Seele baumeln zu lassen und Erholung zu finden. Bequem und entspannt zieht eine Landschaft an Ihnen vorbei, die Sie beeindrucken wird; mit jedem Kilometer wird Russland Sie in seinen Bann ziehen.

*„Reisen heißt entdecken,*
*dass alle Unrecht haben mit dem,*
*was sie über andere Länder denken."*
*Aldous Huxley*

Auf Grund der gewaltigen Größe Russlands ist es sinnvoll zuerst einen überschaubaren Teil des Landes zu besuchen, der einen Eindruck von den Kontrasten eines Landes vermittelt, das sich in den letzten 25 Jahren verändert hat wie kaum ein anderes Land in Europa. Die einst gefürchtete Weltmacht hinter dem Eisernen Vorhang ist ständig in Bewegung und hat sich längst den Touristen aus aller Welt geöffnet. Russen sind traditionell gastfreundlich und laden gern zu einem Glas Wodka in ihr Haus ein.

Wer offen ist und ohne vorgefasste, medial beeinflusste, Meinungen, unvoreingenommen und mit dem ehrlichen Wunsch, mehr über die Menschen, ihre Heimat und Kultur zu erfahren, der wird bereichert nach Hause zurückkehren.

*„Die wirkliche Entdeckungsreise besteht nicht darin,*
*neue Landschaften zu sehen,*
*sondern darin,*
*mit neuen Augen zu sehen."*
*Marcel Proust*

Die Route von Moskau nach St. Petersburg ist eine Strecke verschiedener globaler und lokaler Rekorde, darunter die wohl teuerste Stadt Europas, das Venedig des Nordens, der längste Fluss unseres Kontinents, die beiden größten Seen Europas, eine der längsten künstlichen Wasserstraßen und gigantische Stauseen, gebaut unter größten Opfern.

Das vorliegende Buch soll als Einstieg dienen und neugierig machen auf Russland, Karelien und den Traum Peters des Großen von einem Wasserweg, der die Zarenstädte verbindet. Übersichtlich und kompakt sind Sehenswürdigkeiten entlang der Route, geschichtliche Hintergründe und praktische Tipps zusammengefasst.

Die schnelle touristische Entwicklung Russlands hat zur Folge, dass Angaben im Info-Teil des Buches bei der Veröffentlichung schon nicht mehr auf dem neuesten Stand sein können. Sachdienliche Hinweise, Berichtigungen und Aktualisierungen übernehme ich gern in die nächste Auflage.

# Danke

Besonderen und herzlichen Dank Frau Dagmar Haarhaus für die aufmerksamen Rückmeldungen nach ihrer eigenen Reise, Frau Natalie Korobzow vom Institut für Linguistik an der Universität zu Köln für die konstruktive Kritik sowie Herrn Dr. Achim Opel für Motivation und Korrekturlesen.

Pia Thauwald

# Land und Leute

*Junge Frauen beim Auffädeln von Glasperlen*

# Russland im Überblick

## Bevölkerung

Russland hat 144 Mio. Einwohner (Stand Februar 2018) und ist ein Vielvölkerstaat bestehend aus etwa 160 ethnischen Gruppen, von denen die Russen mit mehr als 80 % den größten Bevölkerungsanteil haben. Größere Minderheiten sind Tataren mit 3,6 %, Ukrainer mit 2,9 %, Tschuwaschen mit 1,1 %, Baschkiren mit 1 % und Wolgadeutsche mit 0,8 %. Durch die Russifizierung aller Republiken der ehemaligen Sowjetunion leben heute etwa 25 Mio. Russen in GUS-Mitgliedstaaten.

Die **GUS** (Gemeinschaft unabhängiger Staaten) ist ein Zusammenschluss von Nachfolgestaaten der Sowjetunion (außer Estland, Lettland, Litauen und Turkmenistan). Als sich die Sowjetunion auflöste, formierten sich die meisten der Länder am 8.12.1991 zur GUS. Diesem Zusammenschluss gehören elf Länder an, fünf liegen in Europa, sechs in Asien.

Die Einwohnerzahl Russlands war von 1995 bis 2009 rückläufig. Seit 2010 ist ein leichter Anstieg zu beobachten. Wenig wahrgenommen wird, dass Russland eines der größten Einwanderungsländer der Erde ist. Einwanderer kommen vor allem aus den ärmeren ehemaligen Sowjetrepubliken in Zentralasien und im Kaukasus. Aber auch die Zahl der Einwanderer aus Afrika und Südostasien nimmt zu.

Die größte Gruppe sind jedoch Russen, die zu Sowjetzeiten im Rahmen der Russifizierung in anderen Republiken angesiedelt wurden und jetzt mit ihren Familien nach Russland zurückkehren wollen.

Die Besiedlung des Landes ist nicht gleichmäßig verteilt; die meisten Menschen leben im europäischen Teil Russlands, deutlich weniger beispielsweise in Sibirien. Der osteuropäische Kernraum liegt zwischen Ostsee und Ural und an der Strecke entlang der Transsibirischen Eisenbahn. Die zahlreichen Millionenstädte konzentrieren sich auf diesen Raum.

## Sprache

Einzig geltende Amtssprache ist Russisch. In den autonomen Republiken ist die jeweilige Volkssprache in der Regel die zweite Amtssprache.

Die offizielle Schrift ist das kyrillische Alphabet. Russisch gehört zur östlichen Gruppe der slawischen Sprachen. Begründer der neueren russischen Literatur ist **A. S. Puschkin**. Über 163,8 Mio. Menschen sprechen Russisch als Muttersprache.

# Religion

Gemäß Verfassung ist die Russische Föderation ein weltlicher Staat. Mit etwa 60 % gehört die Mehrheit der Bevölkerung Russlands der russisch-orthodoxen Kirche an. Um die 20 % bezeichnet sich selbst als konfessionslos bzw. als Atheisten. In den letzten Jahren gewinnt der Islam zunehmend an Einfluss. Andere Religionsgruppen sind Protestanten und Katholiken mit je rund einer Mio. Menschen, Buddhisten mit über einer Mio. und Juden mit ca. 800.000.

*Die Kirche erlebt eine Renaissance*

# Politik

Seit 1991 ist Russland eine Republik mit einem Präsidenten. Seit 1992 gibt es einen Föderationsvertrag mit bundesstaatlichem Charakter, dem 21 Republiken angehören. Im Dezember 1993 wurde eine neue Verfassung durch Volksabstimmung angenommen. Sie garantiert dem Präsidenten wichtige Vollmachten wie: Regierung per Dekret, Verhängung des Ausnahmezustandes und Erklärung des Kriegszustandes.

Laut Verfassungsänderung im November 2012 wird der Präsident für sechs Jahre direkt vom Volk gewählt. Er ernennt den Ministerpräsidenten als Regierungschef und ist befugt durch Verordnungen und Erlasse zu regieren. Das russische Parlament besteht aus zwei Kammern, der Staatsduma und dem Föderationsrat. Das Parlament hat eine Legislaturperiode von fünf Jahren. Die Staatsduma hat 450 Sitze und ist die Volksvertretung. Der Föderationsrat hat 166 Sitze, wobei jeder der 83 russischen Föderationsteile wie Republiken, Gebiete und Kreise zwei Vertreter entsendet.

Russland ist ständig in Bewegung. Eine moderne Gesellschaft steht dem „Putinschen Machterhalt" gegenüber, was enormes Konfliktpotential in sich birgt. Auch sind die sehr unterschiedlichen Lebenswirklichkeiten zwischen den Ballungszentren und den Weiten Russlands eine riesige soziale und materielle Herausforderung.

Die Energie- und Rohstoffmacht Russland hatte sich von der weltweiten 2009er Wirtschafts- und Finanzkrise schnell erholt. Das Bruttoinlandsprodukt (BIP)stieg 2011 real um 4 %, um 3,4 % in 2012 und um 1,3 % in 2013. 2014 sank das Bruttoinlandsprodukt um 1,17 %. 2015 konnte eine Wende verzeichnet werden und es geht wieder leicht bergauf. Die Inflationsrate, die im Frühjahr 2015 15 % erreicht hatte, ist seit 2016 deutlich gesunken und liegt derzeit bei ca. 4 %. Trotz reicher Oberschicht sind die Durchschnittseinkommen noch niedrig und es leben rund 21 Mio. Russen – knapp 15 % der Bevölkerung – unter der Armutsgrenze. Ferner leidet das Land unter einer bedenklichen Bevölkerungsentwicklung mit einer Verknappung der zur Verfügung stehenden Arbeitskräfte. Zu den gravierendsten Problemen Russlands zählen aber sicherlich die stark gewöhnungsbedürftige Gesetzeslage mit zum Teil unberechenbaren Gerichten sowie die Korruption. Die Experten des World Economic Forum (WEF) monieren den unzureichenden Schutz der Eigentumsrechte, den übermäßigen Einfluss der Behörden und die schwachen Standards bei der Unternehmensführung.

Die Ukraine-Krise schadet nicht nur dem politischen Ansehen Russlands, sondern zeigt auch durch die verhängten Sanktionen wirtschaftliche Wirkung. Der Staat hat es immer schwerer neues Kapital aufzunehmen. Die Schwere der Verwerfungen infolge dieser Sanktionen sowie des enormen Ölpreisabsturzes und der Talfahrt des Rubels lässt sich schwer abschätzen. Russland dürfte allerdings angesichts der vielen weltweiten politischen Krisen bei gleichzeitig steigendem globalen „Energiehunger" mittel- bis langfristig keine Schwierigkeiten haben, seine fossilen Energieträger wieder zu lukrativen Preisen loszuwerden. Als die Europäer beispielsweise ankündigten, ihre Abhängigkeit von russischem Gas zu verringern, sprang China sofort in die Presche und schloss neue Verträge mit Russland ab.

# Geografie

Das größte Land der Erde hat eine Fläche von ca. 17 Mio. km² und mehr als 10 Std. Zeitunterschied. Russland erstreckt sich über zwei Kontinente. Der Ural trennt das europäische Tiefland vom westsibirischen Tiefland und somit Europa von Asien.

Die Landschaft im Osten Russlands ist geprägt von weiten Gebirgsplateaus wie das mittelsibirische Bergland und das ostsibirische Gebirgsland mit Höhen zwischen 400 und 1.000 m. Die größten Höhen erreichen das Altaigebirge und der Kaukasus mit dem erloschenen Vulkan Elbrus. An den Küsten im Norden und Osten liegen Inseln wie Sachalin und Halbinseln wie Kola und Kamtschatka.

Das **Altaigebirge** ist ein Gebirgssystem in Zentralasien, das sich über vier Länder erstreckt: Russland, China, Kasachstan und die Mongolei. Der russische Teil liegt im Südwesten Sibiriens. Das Gebirge liegt im Zentrum des eurasischen Kontinents und birgt die Spuren mongolischer und türkischer Geschichte.

Der **Kaukasus** ist ein 1.100 km langes und 180 km breites Gebirge zwischen Schwarzem und Kaspischem Meer. Der 5.642 m hohe Elbrus ist die höchste Erhebung.

**Sachalin** ist mit einer Länge von 948 km und einer Breite zwischen 27 und 160 km die größte russische Insel an der Nordostküste Asiens. Die Insel stand zeitweise unter gemeinsamer Verwaltung von Russland und Japan, ging aber 1875 im Austausch gegen die Kurilen ganz an Russland. Von 1860 bis 1906 diente sie als Verbannungsort.

Die Halbinsel **Kola** liegt zwischen dem Weißen Meer und der Barentssee. Ganzjährig eisfreier Haupthafen ist Murmansk.

Die Halbinsel **Kamtschatka** ist Weltnaturerbe und liegt im Nordosten Asiens. Sie ist 1.200 km lang, bis zu 450 km breit. Sie trennt das Ochotsker Meer vom Beringmeer und vom Pazifischen Ozean. Es gibt ca. 160 Vulkane, von denen noch 28 tätig sind.

Die größten Städte Russlands sind Moskau (10,1 Mio. Einwohner), St. Petersburg (4,6 Mio.), Nowosibirsk (1,4 Mio.), Nischni Nowgorod (1,3 Mio.), Jekaterinburg (1,2 Mio.), Samara (1,1 Mio.), Omsk (1,1 Mio.) und Wolgograd (1 Mio.).

# Flüsse und Ströme

Von den zehn längsten Flüssen Europas fließen sieben durch Russland. Der längste ist die **Wolga** mit 3.531 km. Sie mündet ins Kaspische Meer und hat eine besondere Bedeutung als Wasserweg, der Nordeuropa mit Zentralasien verbindet. Mit einer Länge von 2.428 km ist der Ural, der im gleichnamigen Gebirge entspringt, der zweitlängste Fluss Russlands. Weitere wichtige Flüsse sind: Amur, Dnepr, Don, Irtysch, Jenissej, Kama, Lena, **Moskwa**, **Newa** und Ob.

*Angler auf der Insel Kishi*

72.000 km Wasserwege verbinden Ostsee, Schwarzes und Weißes Meer sowie verschiedene Binnenseen im europäischen Teil Russlands miteinander. Die Wolga, die Kama, die Oka und der Don, sowie die vielen Kanäle, die diese Flüsse miteinander verbinden, sind wichtige Wasserstraßen. Schifffahrtskanäle gibt es nur im europäischen Teil Russlands z. B. den Wolga-Don-Kanal, den Weißmeer-Ostsee-Kanal und den Wolga-Ostsee-Wasserweg.

In Sibirien sind weitere 24.000 km schiffbar. Die Binnenschifffahrt in Russland wird durch die langen Vereisungszeiten erschwert.

# Kultur

Die Vielfalt der unterschiedlichen Nationalitäten und Völker Russlands spiegelt sich auch in den Kulturen und Traditionen wieder. Ab dem 10. Jh. prägten besonders byzantinische Einflüsse das Kiewer Reich. Eine eigenständige russische Baukunst entwickelte sich mit den Kreuzkuppelkirchen in Kiew und Nowgorod. Kunst- und Kulturschätze ballen sich um die Städte **St. Petersburg** und **Moskau** (Goldener Ring). Es gibt einmalige Kunstsammlungen mit russischer Malerei wie die Eremitage und die Tretjakow-Galerie, Profanbauten und Schlösser sowie ganze historische Stadtensemble wie in Nowgorod.

*Musikergruppe in Peterhof*

Weltbekannt und berühmt sind russische Tänzer und Choreografen. Ballett hat eine große Tradition und brachte Persönlichkeiten wie Anna Pawlowa (1881-1931), Rudolf Nurejew (1938-1993), Michail Barischnikow (geb. 1948) und Maja Plissetskaja (1925-2015) hervor.

Russland ist wie Deutschland ein Land der Dichter, Denker und Komponisten.

Zu den russischen **Dichtern** mit Weltruhm zählen:

▷    Fjodor Dostojewski (1821-1881; „Schuld und Sühne", „Der Spieler", „Der Idiot", „Die Brüder Karamasow"),

▷    Maxim Gorki (1868-1936; „Nachtasyl"),

▷    Boris Pasternak (1890-1960; „Dr. Schiwago"),

▷    Alexander Puschkin (1799-1837; „Eugen Onegin", „Boris Godunow", „Der Gefangene im Kaukasus", „Ruslan und Ljudmila"),

▷    Alexander Solschenizyn (1918-2008; Literaturnobelpreisträger; „Archipel Gulag"),

▷    Lew Tolstoi (1828-1910; „Krieg und Frieden", „Anna Karenina"),

▷    Anton Tschechow (1860-1904; „Die Möwe"),

▷    Iwan Turgenjew (1818-1883; „Väter und Söhne", „Erste Liebe"),

▷    Nikolai Gogol (1809-1852; „Die toten Seelen", „Der Revisor").

Die bedeutendsten russischen **Komponisten** sind:

▷ Sergej Prokofjew (1891-1953; „Peter und der Wolf"),

▷ Sergej Rachmaninow (1873-1943; „Klavierkonzerte Nr. 2 c-Moll" und „Nr. 3 d-Moll"),

▷ Nikolaj Rimskij-Korsakow (1844-1908; „Mlada", „Der Goldene Hahn"),

▷ Dimitrij Schostakowitsch (1906-1975; „5. Sinfonie in d-Moll", „7. Sinfonie in c-Dur", „8. Sinfonie in c-Moll"),

▷ Igor Strawinsky (1882-1971; „Das Frühlingsopfer", „Feuervogel"),

▷ Peter Tschaikowski (1880-1893; „Schwanensee", „Eugen Onegin", „Der Nussknacker", „Dornröschen"),

▷ Anton Rubinstein (1829-1894; „Die Ozean-Sinfonie", „Das verlorene Paradies", „Kinder der Heide", „Nero"),

▷ Modest Mussorgskij (1839-1881; „Bilder einer Ausstellung", „Boris Godunow"),

▷ Michail Glinka (1804-1857; „Ein Leben für den Zaren", „Ruslan und Ljudmila"),

▷ Mili Balakirew (1837-1910; „Islamej").

Große Schriftsteller und Komponisten werden in Russland wie Ikonen verehrt. Auch die Volkskunst spielt eine große Rolle. Russische Volkslieder wie „Kalinka", „Die Abendglocken" oder das „Lied der Wolgaschlepper" sind weltweit bekannt.

Zu den großen russischen **Malern** zählen:

▷ Ilja Repin (1844-1930), Marc Chagall (1887-1985), Iwan Aiwasowski (1817-1900) und Isaak Lewitan (1860-1900).

Die russische **Avantgarde** ist mit Namen wie:

▷ Wassily Kandinsky (1866-1944), Kasimir Malewitsch (1878-1935), Alexej Jawlensky (1864-1941) und Natalja Gontscharowa (1881-1962) zu nennen.

# Sport

Eishockey, Volleyball, Basketball und Fußball sind Lieblingssportarten in Russland. Schach hat eine lange Tradition; die meisten Schachweltmeister und Großmeister kommen aus Russland. Auch Leichtathletik, Schwimmen, Turnen und Gymnastik, Langlauf, Eiskunstlauf und Tennis sind in Russland sehr beliebt.

# Wirtschaft

Nach 74-jähriger Planwirtschaft hat Russland 1991 ein schwieriges Erbe angetreten. Schwer privatisierbare Staatsunternehmen, veraltete Produktionsanlagen und der Zusammenbruch vieler Außenhandelsbeziehungen erschwerten lange Zeit die eingeleiteten marktwirtschaftlichen Reformen. Das Land ist reich an natürlichen Ressourcen wie Erdöl, Erdgas, Erz, Metalle (Nickel, Platin, Gold), Kohle, Wasser, Holz und Mineralien sowie Kobalt, Uran und Diamanten. Diese Vorkommen befinden sich hauptsächlich in Sibirien.

*Käsetheke in Jaroslawl, darunter auch importierte Produkte aus Deutschland*

Maschinenbau und andere arbeitsintensive Industriebranchen sind traditionell im Westen Russlands in den Ballungsräumen Moskau, St. Petersburg und dem Uralgebiet angesiedelt. In den Gebieten des Ostens hinterließ z. B. der Bergbau erhebliche Umweltbelastungen. Weniger als ein Fünftel des Landes kann agrarwirtschaftlich genutzt werden. Auf Grund des Klimas konzentriert sich die Landwirtschaft auf den westlichen und südwestlichen Teil des Landes.

Russland importiert hauptsächlich Maschinen, Ausrüstungen und Nahrungsmittel. Die Exportschlager der russischen Wirtschaft sind die Energieträger Öl und Gas. 2010 wurden damit rund € 200 Mrd. eingenommen, was etwa 70 % der gesamten Exporteinnahmen entspricht. Nennenswerte Einnahmen kommen noch aus dem

Export von Metallen und Metallprodukten (12 %). Verschwindend gering ist der Anteil an chemischen Erzeugnissen, Maschinen und Geräten sowie Nahrungsmitteln und landwirtschaftlichen Produkten. Deutschland, China, Japan und die USA sind die Haupthandelspartner. Fluch und Segen des schwarzen Goldes (Rohöl und Erdgas) liegen in Russland eng beieinander. Zirka 17 % des Bruttoinlandsprodukts stammen von diesen fossilen Energieträgern. Der Eigenbedarf Russlands am geförderten Erdöl und -gas liegt bei etwa der Hälfte bis einem Drittel. Boomen die Rohstoffpreise bei guter Konjunktur an den Weltmärkten, hat der Kreml die Taschen voller Rubel. Erst bei einem Ölpreis von unter 100 US$ kommt der Staatshaushalt in Bedrängnis. Starken Rückhalt geben die im internationalen Vergleich niedrigen Auslandsschulden. Der Sturz des Ölpreises auf unter US$ 60 je Barrel (Stand 2015) führte zu einem starken Anstieg des Haushaltsdefizits. Inzwischen geht es bei einem Ölpreis von US$ 67,30 je Barrel (Stand 2018) langsam wieder bergauf.

Trotz internationaler Sanktionen legten die Ausfuhren deutscher Unternehmen nach Russland in 2017 um 20 % zu. Auch Einfuhren aus Russland nach Deutschland stiegen um etwa 19 %. Diese bestanden überwiegend aus Öl und Gas

Nach dem Zusammenbruch der Sowjetunion erlebte die verarbeitende Industrie, vor allem die Auto- und Maschinenindustrie, eine schwere Krise. In den letzten Jahren ging es wieder stetig bergauf. Die russischen Produkte erwiesen sich als einfacher und preiswerter als die Produkte der westlichen Konkurrenz und konnten sich in diesem Segment gut platzieren. Auch gelang es Märkte in der **GUS** wieder zu erschließen und neue Märkte in Asien zu finden.

Um das Ziel der Regierung zu erreichen, bis 2020 zu den fünf stärksten Wirtschaftsmächten aufzuschließen, bedarf es aber trotz aller Erfolge noch enormer Anstrengungen und viel Fantasie. Viele Maschinen und Anlagen in der russischen Industrie müssen dringend modernisiert beziehungsweise ausgetauscht werden. Ferner beträgt der Investitionsbedarf für Infrastrukturmaßnahmen nach Regierungsschätzungen bis 2020 zirka eine Billion Euro. Immense staatliche Investitionsprogramme und Modernisierungsprojekte (z. B. Straßen, Flughäfen) wurden bereits eingeleitet. Deutschland ist einer der wichtigsten Handelspartner Russlands. Russland dagegen liefert Öl, Gas und andere Rohstoffe nach Deutschland. Beide Volkswirtschaften sind im Warenverkehr stark verwoben.

# Geschichte – Zeittafel

| | |
|---|---|
| ca. 700 | slawische Kolonisierung der Wälder der heutigen Zentral- und Ostukraine |

| | |
|---|---|
| 822 | schwedische Waräger fallen in das Gebiet zwischen Wolga und Dnjepr ein; Gründung von Fürstentümern |
| 882-1169 | Kiewer Reich unter slawischer Herrschaft |
| 988 | Christianisierung durch Fürst Wladimir; Übernahme des christlichen Glaubens orthodox-byzantinischer Prägung; Beginn einer Verschriftlichung der Sprache; Altkirchenslawisch wird zur Basis der heutigen russischen Sprache |
| 1223 | Zerfall des ersten Reiches im Sturm der tatarischen Mongolen |
| 1408 | Niederschlagung der tatarischen Fremdherrschaft |
| ca. 1480 | die Tributzahlungen an die Mongolen werden beendet |
| 1547 | Iwan der Schreckliche wird Zar in Moskau; unter seiner Herrschaft beginnt eine Expansion in Richtung Sibirien; mit der Stadt Kasan kommt erstmalig ein nichtrussisches Volk unter russische Herrschaft |
| 1613 | Michael Romanow begründet die Zarendynastie der Romanows |
| 1682 | Peter der Große wird zusammen mit seinem geistig behinderten Halbbruder Iwan V. Zar |
| 1694 | Peter der Große übernimmt die Regierungsgeschäfte allein |
| 1703 | Sankt Petersburg wird unter Zar Peter dem Großen Hauptstadt; Russland beginnt sich der Welt zu öffnen und wendet sich radikal dem Westen zu; eine Flotte wird gegründet und der alte Adel entmachtet |
| 1721 | die Kirche wird dem Staat untergeordnet; bestehende Reiche Mittelasiens werden eingegliedert bzw. schließen sich Russland an |
| 1755 | die Lomonossow-Universität wird gegründet |
| 1764 | auf Betreiben von Katharina der Großen wandern Deutsche nach Russland ein |
| 18. Jh. | Teilung Polens; Russland dehnt sich bis an die Grenzen des Deutschen Reichs aus; stark einsetzender Handel mit dem Westen; neue Ideologien kommen ins Land |
| 1812 | französische Truppen dringen unter Napoleon Bonaparte in Russland ein und kommen bis Moskau; unter Zar Alexander I. wird der Versuch Napoleons, Russland zu erobern, durch Größe und Klima (eisige Kälte) des Riesenreiches sowie durch den Brand Moskaus zunichte gemacht; bei der Schlacht an der Beresina geht der Krieg für Napoleon endgültig verloren |
| 1815 | Zar Alexander wird als Retter Europas gefeiert; auf dem Wiener Kongress erfolgt eine Neuaufteilung Europas zugunsten Russlands |

| | |
|---|---|
| 1825 | blutige Niederschlagung des Dekabristenaufstandes der russischen Offiziere |
| ab 1850 | die Kolonialpolitik gewinnt zunehmend an Bedeutung |
| 1861 | die Leibeigenschaft wird unter Alexander II. aufgehoben |
| 1881 | der Zar wird von einem Anarchisten ermordet |
| 1894 | Zar Nikolaj II. besteigt als letzter Zar den Thron |
| 1896 | Bau der Transmandschurischen Eisenbahn |
| 1905 | nach dem erfolglosen Krieg gegen Japan Errichtung eines Parlaments: der Duma; infolgedessen verliert der Zar nach und nach an Macht |
| 1917 | fehlender Wille die Zeichen der Zeit zu erkennen und die Macht mit dem Volk zu teilen und ein vom Ersten Weltkrieg zermürbtes Volk zwingen Zar Nikolaj II. im Rahmen der Februarrevolution abzudanken; Russland wird zur Republik, die durch die allgemeine Knappheit eine Totgeburt wurde; durch die Oktoberrevolution gelangen die Bolschewisten unter Lenin an die Macht; die Hauptstadt Russlands wird zurück nach Moskau verlegt |
| 1918 | ein Vertrag beendet den Krieg mit Deutschland; die Russische Sozialistische Föderative Republik wird gegründet |
| 1922 | nach einem blutigen Bürgerkrieg zwischen Rot- und Weißgardisten wird die UdSSR unter bolschewistischer Führung formell ausgerufen; die Bürger werden zu Eigentümern von Boden und Produktionsmitteln |
| 1924 | Lenin stirbt |
| 1924-53 | großes Leid unter der totalitären Diktatur Josef Stalins; von 1938 bis zu Stalins Tod werden schätzungsweise 10-50 Mio. Menschen hingerichtet und in den Lagern Sibiriens zu Tode gequält |
| 1939-45 | Zweiter Weltkrieg; Russland verbündet sich mit den Alliierten und gehört am 9. Mai 1945 zu den Siegermächten |
| 1941 | die deutsche Wehrmacht überfällt die Sowjetunion; im Verlaufe des Krieges werden etwa 20 Mio. Sowjetbürger getötet |
| 1953 | Stalin stirbt |
| 1956 | Beginn der Entstalinisierung unter Chruschtschow; der Personenkult um Stalin wird beendet; die Sowjets marschieren in Ungarn ein |
| 1961 | Jurij Gagarin ist als erster Mensch im Weltall |

| 1962 | die Stationierung von Atomraketen auf Kuba führt zur Krise |
| 1968 | die Rote Armee marschiert in die CSSR ein |
| 1985 | Gorbatschow wird am 11. März mit 54 Jahren zum zweitjüngsten Generalsekretär der Kommunistischen Partei gewählt; es beginnt ein politisches Tauwetter unter den Namen „Perestrojka" (=Umgestaltung) und „Glasnost" (=Offenheit) |
| 1988 | Gorbatschow verkündet, dass die Sowjetunion die Breschnjew-Doktrin aufgibt, und erlaubt den osteuropäischen Staaten die Demokratie einzuführen; seine Reformpolitik führt zur Auflösung der kommunistischen Herrschaftsstrukturen in den Ländern des Warschauer Pakts |
| 1989 | es finden die ersten freien Wahlen seit 1917 statt |
| 1991 | Putsch altkommunistischer Generäle gegen Gorbatschow; die UdSSR löst sich auf und geht in der Gemeinschaft unabhängiger Staaten GUS auf; Boris Jelzin wird zum ersten Präsidenten der Russischen Republik gewählt, Putschversuch altkommunistischer Generäle gegen Gorbatschow und Jelzin |
| 1992 | ein Föderationsvertrag regelt die Beziehungen zwischen Russland und den unabhängigen Republiken; Boris Jelzin bleibt zwei Amtszeiten Präsident der neu gegründeten Russischen Föderation |
| 1993 | neue demokratische Verfassung; Geldreform; die russische Währung und Wirtschaft werden dem Markt freigegeben, was zu großer Inflation führt und viele Staatsbetriebe in den Ruin stürzt |
| 1994 | Russland wird in den Kreis der G-7-Länder aufgenommen; Beitritt zur „Partnerschaft für den Frieden" der Nato; Russland beginnt einen bis heute andauernden nicht erklärten Krieg gegen Tschetschenien; im Land verbreitet sich Armut |
| 1995 | Abkommen mit Tschetschenien zur Beendigung der Kämpfe; der Waffenstillstand ist jedoch nicht von Dauer; die Duma beschließt die Aufhebung der Sanktionen gegen Serbien |
| 1996 | Jelzin gewinnt erneut die Präsidentschaftswahlen, Alexander Iwanowitsch Lebed wird neuer Sicherheitsberater; Viktor Tschernomyrdin bleibt Regierungschef |
| 1997 | im Januar wird ein von den Kommunisten in der Duma eingebrachter Antrag auf Einleitung eines Amtsenthebungsverfahrens gegen Präsident Jelzin vom Parlament mehrheitlich abgelehnt; bei |

|            | einer Regierungsumbildung im März werden Reformer zu neuen stellvertretenden Ministerpräsidenten gewählt; die Präsidenten Russlands und Tschetscheniens, Jelzin und Maschadow, unterzeichnen im Mai einen Friedensvertrag; er beinhaltet zwar einen Gewaltverzicht aber keine Autonomie Tschetscheniens |
|------------|---|
| 1998       | die Duma wählt im dritten und entscheidenden Wahlgang, den von Boris Jelzin vorgeschlagenen Kandidaten, Sergej Kirijenko zum neuen Regierungschef, damit wird eine innenpolitische Krise abgewendet; Zusammenbruch des russischen Bankwesens |
| 2000       | zu Neujahr 2000 gibt Boris Jelzin die Macht an seinen Vizepräsidenten Wladimir Putin ab; dieser lässt sich vom Volk im Amt bestätigen |
| 2006-2008  | Durch die rasant wachsende Wirtschaft erlebte Russland eine Sanierung seines Staatshaushaltes. Die Auslandsschulden konnten getilgt werden und die Löhne stiegen. |
| März 2008  | Dmitri Medwedew wird zum Präsidenten Russlands gewählt. |
| 2010       | Baubeginn der strategisch wichtigen Erdgaspipeline „Nabucco" |
| März 2012  | Putin wird erneut zum Präsidenten Russlands gewählt; wegen des Verdachts der Wahlmanipulation kommt es zu Protesten. |
| Aug. 2013  | Edward Snowden erhält zunächst für ein Jahr Asyl in Russland |
| Feb. 2014  | XXII. Olympische Winterspiele in Sotschi |
| April 2014 | umstrittenes Referendum zum Beitritt der Krim zur Russischen Föderation |
| 2014       | infolge des Ukraine-Konflikts werden Sanktionen gegen Russland verhängt; starker Kapitalabfluss, rapide verschlechterndes Wirtschaftsklima und Gefahr einer Rezession |
| 2014/2015  | enormer Ölpreisabsturz und Rubeltalfahrt bescheren Russland die schwerste Krise seit zwei Jahrzehnten |
| Juni/Juli 2018 | Austragung der Fußballweltmeisterschaft |

# Karelien

Karelien liegt in Nordosteuropa zwischen dem Weißen Meer, dem Onegasee, dem Ladogasee und dem Finnischen Meerbusen. Die Region ist zwischen Russland und Finnland aufgeteilt, wobei der größte Teil innerhalb Russlands zur Republik Karelien gehört. Die Hauptstadt Kareliens ist Petrosawodsk. Von den ca. 716.000 Einwohnern leben 75 % in Städten und der Rest auf dem Land. Die Bevölkerung besteht zu knapp 74 % aus Russen, zu 10 % aus Kareliern, zu 2,3 % aus Finnen und zu 0,8 % aus Wepsen. Von den nur ca. 80.000 Kareliern beherrscht weniger als die Hälfte ihre Muttersprache. Sie leben meistens in homogenen Gruppen in einigen ländlichen Bezirken im Süden und Nordwesten.

Mit einer Fläche von 172.400 km² ist Karelien, gemessen an den Dimensionen Russlands, recht klein, aber immerhin doppelt so groß wie Österreich. Ursprünglich wurde das Gebiet vom finno-ugrischen Volk der Karelier besiedelt. Die heute nationale Minderheit erlebte eine wechselvolle Geschichte zwischen Ostsee und Onegasee. Mehrfach verschoben sich die Grenzen hin und her. Von Nowgorod aus wurden die Karelier russisch-orthodox missioniert. Das Gebiet war im 13. Jahrhundert zwischen Schweden und Nowgorod hart umkämpft und wurde 1323 im Vertrag von Göteborg zwischen beiden geteilt. Ostkarelien ist bis heute orthodox geprägt, während der schwedische Teil Kareliens zuerst katholisch blieb, mit der Reformation dann aber protestantisch wurde. Nach der Oktoberrevolution 1917 und der finnischen Unabhängigkeitserklärung fanden auch in Karelien schwere Kämpfe des Finnischen Bürgerkrieges (Januar bis Mai 1918) statt. Teile der finnischen Truppen versuchten im Aunus-Feldzug vergeblich, Teile Ostkareliens den Bolschewisten zu entreißen und dem Staatsgebiet Finnlands anzuschließen. Aus dem russischen Teil Kareliens wurde 1923 die Karelische Autonome Sozialistische Sowjetrepublik. Im Zweiten Weltkrieg war Karelien wieder heftig umkämpft und ein Großteil Westkareliens fiel mit der Niederlage Finnlands im Winterkrieg an die Sowjetunion.

Finnisch-Sowjetischer **Winterkrieg**: dauerte im Winter 1939/40 nur 104 Tage. Ziele waren unter anderem die Karelische Landenge und ein Kriegshafen. Ohne Kriegserklärung überfielen die Sowjets am 29.11.1939 das Gebiet Finnlands und es kam zu einem brutalen kurzen Krieg mit hohen Verlusten.

Es entstand die Karelo-Finnische Sozialistische Sowjetrepublik. Die Kämpfe um Karelien hielten weiterhin an. Bereits im Fortsetzungskrieg (1941-1944) gelang es Finnland die Gebiete zurückzuerobern und einen Großteil Ostkareliens zu besetzen. Nach einer weiteren Niederlage Finnlands wurden im Pariser Frieden 1947 die noch heute bestehenden Grenzen festgelegt. Im Jahre 1991 wurde die Sowjetrepublik zur Republik Karelien.

Sie ist das Land der Seen und Wälder. Die Hälfte des Gebietes ist bewaldet und es gibt mehr als 44.000 Seen. In der Taiga leben Elche, Bären und Luchse. Mit seinen langen, aber relativ milden Wintern und den kurzen, warmen Sommern herrscht gemäßigtes Kontinentalklima. Im Juni ist für etwa einen Monat die Zeit der **„Weißen Nächte"**.

Bedingt durch Wald- und Wasserreichtum sind Holzwirtschaft und Kraftwerke die dominierenden Wirtschaftszweige. Holz- und Papierindustrie sind wichtige Wirtschaftsfaktoren für ganz Russland – mehr als 10 % der Zellulose und mehr als 7 % des Papiers kommen allein aus Karelien. Im Vergleich zu früher ist die Herstellung von Möbeln rückläufig. Weit über die Grenzen Kareliens hinaus ist die Karelische Birke bekannt.

Die **Karelische Birke** ist eine besondere Form der Warzenbirke, die einzeln oder in kleinen Gruppen wächst. Der Stamm ist uneben, hat Höcker und kugelähnliche Wülste. Das Holz des Stamms hat eine originelle Maserung und wird zur Herstellung von Möbeln und Souvenirs verwendet. Bereits seit 1930 wird die karelische Birke angepflanzt. Sie besticht nicht durch Schönheit, wohl aber durch ihr außergewöhnlich hartes und erstaunlich schönes Holz. Die unregelmäßigen Abstände der Jahresringe ergeben ein seltsames, unregelmäßiges Muster und die Zeichnung erinnert an Marmor. Die extrem seltene Karelische Birke braucht viele Jahre um zum Bäumchen zu werden; erst nach Jahrzehnten entwickeln sich die charakteristischen Merkmale. Das macht sie so außergewöhnlich kostbar. Während früher aus ihrem Holz noch ganze Möbelstücke hergestellt wurden, die so unglaublich teuer waren, dass sich diese nur die reichste Oberschicht leisten konnte, werden heute hauptsächlich Armbänder, Anhänger und Schmuckstücke daraus hergestellt, aber auch diese sind teuer.

Fast kann man Karelien als ein vergessenes Land bezeichnen. Dennoch gelang es den finno-ugrischen Ureinwohnern Traditionen, Volkslieder, Bräuche und Märchen zu bewahren. Als Künstler und Völkerkundler Ende des 19. Jh.s den Norden wieder entdeckten, begegneten sie einer Gesellschaft, die noch immer in der Vergangenheit lebte. Mehr als 1.500 Kultur- und Geschichtsdenkmäler, darunter außergewöhnliche Kunstwerke der Holzarchitektur, sind Zeugen ehemaligen Wohlstands und hoher Kultur im Norden. Komponisten wie Balakirew und Rimskij-Korsakow nahmen sich in ihren Kompositionen der Melodien des karelischen Volksliedgutes an.

Mili Alexejewitsch **Balakirew** (1837-1910) war ein russischer Komponist, Pianist und Dirigent. In den 1860er Jahre unternahm er mehrere Reisen, auch in das Wolgagebiet, um Volkslieder zu sammeln.

Nikolaj **Rimskij-Korsakow** (1844-1908) war ein russischer Komponist. Während seiner Marineausbildung erhielt er Instrumentalunterricht. 1861 lernte er **Mili Balakirew**, der ihn kompositorisch förderte, Modest **Mussorgskij** und andere russisch orientierte Musiker kennen.

# Russische Küche

*„Lass mich in Deinen Suppentopf gucken,*
*dann weiß ich, wer Du bist."*
*Russisches Sprichwort*

Die russische Küche durchlief mehrere Phasen:

◆    die altrussische Küche vom 9. bis 16. Jahrhundert
◆    die Küche des Moskauer Staates im 17. Jahrhundert
◆    die Petersburger Küche und die des 18. Jahrhunderts
◆    die gesamtrussische Küche des 19. Jahrhunderts
◆    die sowjetische Küche ab 1917

Die verschiedenen Phasen sind geprägt von der notwendigen Vorratshaltung für die langen kalten Winter, der Spaltung der Gesellschaft in eine zunehmend reicher werdende Oberschicht und das verarmte Volk, von zunehmenden Handelsbeziehungen, dem Einfluss der europäischen Küche, der Durchmischung unterschiedlicher Nationalitäten in der Zeit nach der Oktoberrevolution 1917, der großen Hungersnot in den 30er Jahren des 20. Jahrhunderts, der zunehmenden Mobilität durch den Bau von Eisenbahnlinien, der „Gemeinschaftsverpflegung" zu Sowjetzeiten und nicht zuletzt der Industrialisierung mit Konserven und Fertigprodukten.

Viele Vorlieben z. B. für Brot, Piroggen, Blini, Pilz- und Fischgerichte, für Suppen und Eintöpfe sowie sauer eingelegtes Gemüse sind bis heute erhalten geblieben.

Einzelne Gerichte der Russischen Küche sind weltbekannt, andere traditionelle Gerichte so gut wie gar nicht. In ihrer heutigen Form existiert die russische Küche seit etwa einhundert Jahren.

Vor der Industrialisierung war Russland ein recht wohlhabender Agrarstaat, was sich noch heute in der Landesküche widerspiegelt. Im 19. Jahrhundert kamen durch neue Handelsbeziehungen neue Zutaten und Gewürze ins Land, was zur Verfeinerung der Speisen führte. Trotzdem hat sich über Jahrhunderte eine eigenständige Kochkultur erhalten, die sich in den verschiedenen Regionen nur unwesentlich unterscheidet. Die Fundamente der russischen Küche sind von Klima und Jahreszeiten geprägt. Die Winter sind kalt und lang, die Sommer heiß und kurz. Im Winter gibt es Eingelegtes wie Salzgurken und Sauerkraut sowie Rüben, Kohl, getrocknete Pilze und eingekochtes Obst. Frisches Obst und Gemüse wird im Sommer gegessen. Wer es sich leisten kann hat auch heute noch eine Datscha auf dem Land und baut dort Obst und Gemüse selbst an.

*Beliebt, lecker und nicht ganz billig – russischer roter Kaviar*

Ein festliches Essen in der russischen Küche beginnt immer mit kalten Vorspeisen (**Sakuski**). Diese haben als Gang vor der Hauptspeise eine lange Tradition. So gibt es unterschiedliche Salate, Wurst, Piroschki, gefüllte Eier, belegte Brötchen, Sülzen, Kaviar, eingelegten Fisch und vieles mehr. Die Zahl der Vorspeisen wurde im Laufe der Zeit immer größer und die Rezepte fantasievoller. Es werden Wodka und andere starke Getränke gereicht.

Russen lieben alles, was sich aus Mehl zubereiten lässt. Während Kartoffeln keine dominante Rolle spielen, darf Brot bei keiner Mahlzeit fehlen. Säuerliches Schwarzbrot ist besonders beliebt. Auch mit Fleisch oder Pilzen gefüllte Teigtaschen kommen oft auf den Tisch.

Beliebt und gut schmeckend sind Piroggen als Bestandteil russischer Mahlzeiten. Sie werden als Vorspeise oder Appetithäppchen zu Getränken gereicht; es gibt auch die süße Variante. **Piroggen** sind mit Gehacktem oder Quark gefüllte Teigtaschen aus Hefe-, Nudel- oder Blätterteig. Sie werden durch Braten in der Pfanne zubereitet und manchmal auch mit Zwiebeln und/oder saurer Sahne gereicht.

Ein weiteres russisches Nationalgericht sind **Pelmeni**. Unklar ist, ob sie von den im Norden Russlands lebenden finno-ugrischen Völkern übernommen oder von türkischen Nomaden aus Nordchina mitgebracht wurden. Pelmeni sind ebenfalls gefüllte Teigtaschen, die in Wasser oder Brühe gekocht werden. Man kann sie als Hauptgericht oder Suppeneinlage essen.

Besonders die Vielfalt der Suppen ist aus der russischen Küche nicht wegzudenken. Mit Brot oder Piroggen werden sie auch als Hauptgang gereicht. Bei uns sind besonders Soljanka mit Salzgurken und **Borschtsch** mit Roter Bete bekannt. Soljanka war vor allem in der DDR weit verbreitet, wo sie bei fast keiner Feierlichkeit fehlen durfte. Die säuerliche, deftige Suppe hat ihren Ursprung wahrscheinlich in der Ukraine des 17. Jahrhunderts. Es gibt Fleisch-, Fisch- und Pilzsoljanka. Basis aller drei Arten sind Salzgurken, Kohl, Sauerrahm und Dill.

Borschtsch ist ein russischer Eintopf aus Roter Bete, Weißkohl, Kartoffeln, Fleisch, Tomatenmark, Karotten, Zwiebeln und Gewürzen.

In der Zeit nach Glasnost und Perestroika ist das Nationalgetränk Kwas von westlichen Produkten stark verdrängt worden, erlebt aber im Moment eine Renaissance. Kwas wird aus Roggenbrot, Wasser, Hefe und ein wenig Zucker hergestellt. Das vergorene, leicht alkoholische (4 %) Erfrischungsgetränk schmeckt etwas säuerlich und gilt als gesund.

*„Bist Du satt und betrunken,*
*dann sei Gott dankbar."*
*Russ. Sprichwort*

**Kwas** bedeutet so viel wie „saurer Trank" und hat etwa die Farbe von Malzbier. Auf den Straßen Russlands wird es als Erfrischungsgetränk hin und wieder aus Tankwagen und Kanistern angeboten. Es gibt Kwas inzwischen auch in Glasflaschen mit Kronkorken. Durch das Zusetzen von Rosinen, Malz, Limonade, Mehl usw. kann der Geschmack verändert und durch Zucker oder Melasse der Alkohol- und Kohlensäuregehalt erhöht werden.

*Samoware*

Das eigentliche Nationalgetränk Russlands ist schwarzer Tee. Er kam im 16. Jh. über die Seidenstraße aus China. Es wird ein starker Teesud gekocht, den man nach Belieben mit heißem Wasser aus dem **Samowar** verdünnt. Mit viel Zucker, Honig oder Konfitüre schmeckt der starke Tee nicht ganz so bitter. Am liebsten trinken Russen indischen Tee, manchmal auch mit Milch und mit Zitrone. Dazu werden Konfekt und Gebäck gegessen.

*Frische Lebensmittel auf dem Wochenmarkt*

Nach der **Oktoberrevolution** 1917 mussten Millionen von Russen emigrieren. Sie brachten die russische Küche nach Westeuropa. Schnell entstand ein verzerrtes Bild von den Vorlieben der Russen. Wodka, Kaviar und Champagner konnte sich nur die Oberschicht leisten. Obwohl sich diese Klischees bis heute hartnäckig halten, war Kaviar beim einfachen russischen Volk kaum bekannt und ist auch heute noch teuer und für viele unerschwinglich.

Wenig bekannt ist auch, dass das Wort **„Bistro"** eigentlich aus dem Russischen stammt. Emigrierte russische Offiziere riefen in Pariser Restaurants „Bistro! Bistro!!" (russ.: schnell), um zügig vom Kellner bedient zu werden. In Frankreich eignete man sich das Wort schnell an und bald wurde es zum Synonym für schnelle Küche.

Insgesamt betrachtet ist die russische Küche köstlich aber eher unausgewogen und für Vegetarier wenig geeignet. Viele Lebensmittel sind für den Durchschnittsbürger teuer und im Winter sind Obst und Gemüse kaum zu bezahlen. Grundlage der Ernährung sind kohlenhydratreiche Lebensmittel wie Brot und Nudeln.

Gastfreundschaft und Geselligkeit werden auch heute noch großgeschrieben und gehen nicht unwesentlich durch den Magen. Es wird geteilt was Speise- und

Getränkekammer hergeben. Der Gast wird wie ein König bewirtet; selbst in Zeiten größter Armut war das nie anders. Obwohl die russische Küche bei uns nicht so bekannt und populär ist wie die italienische, chinesische oder griechische, haben die russische Gastfreundschaft mit ihren voll beladenen Tischen, die Großzügigkeit, Wärme und Melancholie der russischen Menschen so manchen in Erstaunen und Begeisterung versetzt. Zwar gehören die Zeiten der Lebensmitteldefizite der Vergangenheit an, da es inzwischen alles zu kaufen gibt, jedoch hat eine große Zahl von Menschen nun das Problem, sich nicht alles leisten zu können. Dennoch würden sie für den Gast das Letzte geben, auch wenn am Tag danach das Geld für das Notwendigste nicht ausreicht.

In Russland wird nicht explizit zum Mittag, Kaffee oder Abendessen eingeladen, sondern man muss sich auf ein Mahl einstellen, das alles umfasst und einer opulenten Ganztagsverpflegung entspricht. Sie sollten also vorher möglichst wenig essen. Auch muss die Uhrzeit nicht so genau eingehalten werden wie in Deutschland. Um die Hausfrau nicht zu beleidigen, muss der Gast von allem probieren. Von Beginn an sollte man sich daher die Kräfte gut einteilen, damit man nicht schon nach den Vorspeisen satt ist. Es wird vom Gastgeber immer wieder aufgelegt und es ist recht aussichtslos mit einem „Njet" abzulehnen. Wenn Sie denken, dass das Mahl mit einer Tasse Kaffee beendet ist, dann irren Sie. Es kann immer wieder von vorn angefangen werden und es wird gefeiert, solange die Kräfte reichen.

# Wodka

> *„Das russische Volk trinkt nicht aus Bedürfnis*
> *und nicht aus Kummer,*
> *sondern aus einer uralten Sehnsucht*
> *nach dem Wunderbaren und Außergewöhnlichen.*
> *Wodka ist die weiße Magie."*
> *Andrej Sinjawski*

Wodka ist ein wirkliches russisches Produkt. Das Wort „Wodka" stammt vom russischen Wort „Woda", was Wasser heißt. Archäologen stellten fest, dass Slawen schon lange vor unserer Zeitrechnung ein dem Wodka ähnliches Getränk herstellen konnten. Russen behaupten, dass sich Wodka positiv auf den Gesundheitszustand auswirkt, die Blutgefäße erweitert und sie von Cholesterin reinigt.

Die Wissenschaft will herausgefunden haben, dass 60 g Wodka vor dem Essen wie Arznei sei. Das würde 22 Liter pro Jahr ausmachen; ein russischer Mann trinkt im Durchschnitt allerdings 120 Liter pro Jahr! Natürlich gibt es auch Alkoholgegner, die sowieso der Meinung sind, dass Wodka Gift ist.

In Russland ist es nicht üblich Wodka ohne Anlass zu trinken. Der erste Trinkspruch ist nach alter Tradition dem Gast gewidmet. Man atmet kräftig aus und trinkt dann alles in einem einzigen Schluck.

Die bekanntesten Wodkasorten werden im Moskauer Werk „Kristall" hergestellt. Dieses Werk, heute eine Aktiengesellschaft, wurde 1901 in Moskau vom Finanzminister, dem Grafen von Witte, gegründet. Während des Ersten Weltkrieges (1914) wurde von der damaligen Regierung das so genannte **„Trockengesetz"** (vgl. Prohibition) erlassen und das Kristallwerk musste schließen. Das Gesetz sollte ursprünglich für immer verlängert werden, aber den Russen Wodka verbieten zu wollen war wahrlich eine Schnapsidee, und so wurde es nach sechs Jahren wieder abgeschafft. Nach dem Zweiten Weltkrieg entwickelte sich das Kristallwerk rasant und auf der 3. Internationalen Ausstellung 1954 in London wurden noch heute bekannte Sorten wie Smirnowskaja, Stolitschnaja und Moskowskaja zum ersten Mal vorgestellt. Es gab die höchste Bewertung und ihr folgten bis heute 45 Auszeichnungen, Gold- und Silbermedaillen.

In Russland produziert man Wodka entweder nach wissenschaftlichen Kriterien in Fabriken oder man brennt ihn selbst. Der selbst gebrannte Schnaps kann 40 bis 80 % haben und wenn man ihn anzündet, dann brennt er sogar. Traditionell wird Wodka aus Roggen, Weizen, Mais, Gerste oder auch aus Kartoffeln hergestellt. Dieses wird zerkleinert und mit Wasser zerkocht. Da das Wasser vollkommen durchsichtig, farb-, geruchs- und geschmacklos sein muss, wird es vorher gereinigt, filtriert und geweicht. Das Wodkawasser wird in speziellen Anlagen mit Äthylspiritus vermischt und anschließend in Quarzfiltern mit Birkenkohle behandelt.

„Trinkst Du Wodka pur und kalt,
wirst Du hundert Jahre alt."
Russisches Sprichwort

Um am nächsten Morgen keinen Kater zu haben trinken Russen Wodka normalerweise nicht zusammen mit anderen alkoholischen Getränken wie Bier, Sekt oder Wein. Unbedingt zum Wodka gehören saure Gurken, Wurst, Sauerkraut und

Salate. Im zaristischen Russland hat man vor dem Wodka sogar ein Glas Sonnenblumenöl getrunken um damit Kehle, Magen und Darm zu salben, damit diese die Wodkaströme vertragen. Man wird in Russland nicht erleben, dass einmal geöffnete Wodkaflaschen nicht ausgetrunken, sondern stattdessen in den Schrank zurückgestellt werden. Zu Sowjetzeiten waren Flaschen überhaupt nicht wieder verschließbar!

> *„Trinken ohne Trinkspruch ist Trinksucht."*
> *Russisches Sprichwort*

Getreu diesem Motto trinkt man nie weniger als 50 g, natürlich mit einem großen Schluck und immer im Takt der Trinksprüche. Das kann ein Wunsch für Gesundheit, Freundschaft oder für Glück sein. Ein stilistisch gefeilter Trinkspruch ist eine kleine Kunst für sich. Gleich nach dem Schluck muss etwas Salziges oder Scharfes gegessen oder mit dem Essen angefangen werden.

> *„Verstand wird Russland nie verstehen,*
> *kein Maßstab sein Geheimnis rauben,*
> *so wie es ist, so lasst es gehen,*
> *an Russland kann man nichts als glauben."*
> *Fjodor Tjutschew*

Wodka und Gläser sollten möglichst kalt sein, damit sich das ganze Aroma entfalten kann. Wodkatrinken ist eine ernste Angelegenheit. Wodka nennt man auch die weiße Magie und man trinkt nicht um Traurigkeit und Kummer zu vergessen, sondern um der Seele das Gefühl von Sinnlichem und Wunderbarem zu geben.

Es wird behauptet, dass Wodka hilfreich sein kann, weil er die Dinge leichter werden lässt. Wenn man nicht stark genug ist, ihm zu begegnen, kann er das Leben aber auch zur Hölle machen. Schon Peter der Große war für seine maßlosen Gelage bekannt, die für manche tödlich endeten, die, um dem Zaren zu imponieren, Mengen von Wodka tranken. Es galt nur als echter Mann, wer viel vertragen konnte. Auch heute noch haben Russen ein inniges Verhältnis zu Wodka. Viele Redewendungen und Witze beschreiben die russische Maßlosigkeit, die bis zur Selbstvergessenheit führt.

*„Wenn Du am Morgen trinkst,*
*hast Du den ganzen Tag frei."*
*Russisches Sprichwort*

Ein Blick in russische Lebensmittelgeschäfte lässt den Stellenwert von Wodka schnell erkennen. Die verschiedenen Sorten türmen sich in meterlangen Regalen bis unter die Decke. Wodka ist ein Riesengeschäft und die Marktanteile hart umkämpft. Zwischen € 3 und 7 kostet der halbe Liter und darf neben den Grundnahrungsmitteln in keinem Einkaufskorb fehlen.

Es ist somit nicht verwunderlich, dass es in Russland eine große Zahl von Alkoholikern gibt. Besonders in den tristen Städten mit hoher Arbeitslosigkeit und ohne Perspektive für die Menschen, sowie auf dem Lande, in den Kolchosen, herrscht oft feucht-depressive Stimmung. Die Ausnüchterungszellen der Polizei sind ständig überfüllt, viele Tötungsdelikte hätten ohne Wodka nie stattgefunden, tausende Verkehrstote könnten noch leben. Im Sommer ertrinken Wodkaselige in Seen und Flüssen; im Winter erfrieren viele, weil sie den Weg nach Hause vor Trunkenheit nicht mehr finden. Schwarz gebrannter Wodka führt oft zu bleibenden Schäden wie Blindheit. Da der volkswirtschaftliche Schaden riesengroß ist, gab es immer wieder Versuche der Politik das Wodkatrinken zu verbieten. Ein prominenter Wodkagegner war auch Michael Gorbatschow, der sich damit schnell die Sympathien des Volkes verscherzte. Sein Verbot führte zu unendlichen Schlangen vor den wenigen noch erlaubten Geschäften und der oft auf abenteuerliche Weise schwarz gebrannte Wodka führte zu gesundheitlich noch verheerenderen Schäden als legal gebrannter Wodka. Das „Trockengesetz" des „Mineralsekretärs" scheiterte ordentlich. Es war, als wolle man den Bayern das Biertrinken verbieten.

Während zu sozialistischen Zeiten das Trinken auch für Intellektuelle Freiraum bedeutete, weil für Selbstverwirklichung wenig Raum war, hat sich inzwischen zumindest das Trinkverhalten der Mittelschicht verändert. Man muss am nächsten Tag zur Arbeit, braucht seinen Führerschein um mobil zu sein oder benötigt sein Geld für andere Dinge, als z. B. riesige Summen für das Bestechen der Polizei zu zahlen. Auf dem Lande hat sich das gemäßigte Trinkverhalten noch nicht recht durchgesetzt. Dort wird seit Jahrhunderten **Samogon** selbst gebrannt und getrunken. Guter Samogon ist von höchster Qualität und man kann sich damit schnell in den Zustand von Sorglosigkeit trinken.

# Klima

In großen Teilen Russlands herrscht kaltes Kontinentalklima mit kurzen heißen Sommern und langen, sehr kalten Wintern. Frühling und Herbst sind nur kurze Übergangszeiten. Die Klima- und Vegetationszonen Russlands verlaufen fast parallel zum Breitenkreis. Die Route von Moskau nach St. Petersburg liegt in der gemäßigten Klimazone.

Die beste Reisezeit ist von Mitte Mai bis Mitte September. Die Temperaturen liegen dann in Moskau bei etwa 25°C; bei Hitze können sie auch auf bis zu 35°C ansteigen. Allerdings fallen in dieser Zeit auch die meisten Niederschläge. An der mittleren Wolga können die Temperaturen sogar noch ein paar Grad höher klettern.

In Karelien und in St. Petersburg ist das Wetter wechselhaft und mit durchschnittlichen Temperaturen um die 18°C und teilweise sehr kühlen Nächten ist es auch kälter als in Moskau. St. Petersburg liegt in der kühl-gemäßigten Westwindzone; charakteristisch sind schnelle Wetteränderungen. Sehr kalt dagegen ist es zwischen November und April mit Temperaturen oft unter -30°C. Schnee liegt meist von Dezember bis März.

Eine Besonderheit sind die **„Weißen Nächte"** in St. Petersburg um die Sommersonnenwende (Mitte Juni/Anfang Juli). In dieser Zeit dämmert es täglich nur etwa eine Dreiviertelstunde lang; ansonsten ist es taghell.

# Reise-Infos von A bis Z

*Gegen einen kleinen Obolus kann man tolle Fotos machen*

# Anreise nach Russland

## ... mit dem Pkw

Es werden ein gültiger Führerschein und der Fahrzeugschein benötigt. Dringend empfohlen ist zudem ein internationaler Führerschein. Bei der Einreise muss sich der Fahrer schriftlich verpflichten das Fahrzeug auch wieder auszuführen. Das Duplikat dieses Dokuments muss bei der Ausreise wieder abgegeben werden. Im Visaantrag muss für Reisende mit eigenem Pkw „Autotourist" als Reisezweck angegeben werden.

**Grenzübergänge von Polen aus:**

| | |
|---|---|
| Bartoszyce – Bagrationowsk: | durchgehend geöffnet |
| Branevo – Mamonowo: | durchgehend geöffnet |

   Von nächtlichen Autofahrten wird wegen unterschiedlicher Straßenbeschaffenheiten abgeraten. Für die Anreise nach Moskau empfiehlt sich die Strecke über Warschau nach Minsk.

   Eine Anreise mit dem Pkw ist nicht empfehlenswert, da Ausgangs- und Endpunkt der Reise weit auseinander liegen.

## ... mit dem Zug

Mit dem „Moskau-Express" gelangt man problemlos von Deutschland nach Moskau. Die Züge sind bequem und Sie kommen ausgeschlafen an. Allerdings ist eine Bahnreise lang und oft beschwerlich. Es verkehrt täglich ein Schnellzug von Paris nach Moskau; Sie können z. B. in Aachen, Köln, Hannover und Berlin zusteigen. Kleiner Richtwert: Die Fahrtdauer von Köln nach Moskau beträgt 39-45 Stunden!

🖥   www.rzd.ru, www.bahn.de

## ... mit dem Flugzeug

Die schnellste und bequemste Möglichkeit der Anreise ist mit dem Flugzeug. Die meisten deutschen Flughäfen haben Direktverbindungen nach Moskau und St. Petersburg. Deutsche Airlines wie Lufthansa (🖥 www.lufthansa.com), Aeroflot (🖥 www.aeroflot.ru) und airBaltic (🖥 airBaltic.com) bieten viele und auch günstige Flüge.

   Bei rechtzeitiger Buchung ist bei der Lufthansa ein Preis von € 99 für Hin- und Rückflug durchaus machbar.

Auch Germanwings (🖳 www.germanwings.com) hat immer wieder attraktive Angebote.

Aeroflot (🖳 www.aeroflot.ru) bietet von den russischen Airlines die günstigsten Flüge nach Moskau. Auf dieser Strecke werden hauptsächlich neuere Flugzeuge der Airbus-Reihe eingesetzt. Weitere russische Anbieter sind beispielsweise Pulkovo (🖳 www.pulkovo.ru) und die Billigfluglinie S7 (🖳 www.s7.ru).

Die Flugzeit beträgt zwischen 2½ und 3 Stunden.

## ... mit dem Bus

Eurolines-Busse verkehren regelmäßig in die Russische Föderation z. B. von Berlin, Frankfurt/Main und anderen Städten nach Moskau und St. Petersburg. (Hin- und Rückfahrt ca. € 250)

🛈      Auskunft, Fahrpläne und Buchung: Deutsche Touring GmbH, Am Römerhof 17, 60486 Frankfurt, ☎ 069/790 35 01 (Servicehotline), FAX 069/790 32 19, ✍ service@eurolines.de, 🖳 www.deutsche-touring.com

# Devisen/Ein- und Ausfuhr

Bei der Einreise nach Russland müssen nur Beträge deklariert werden, die eine Höhe von US$ 10.000 übersteigen. Dafür muss das Zoll-Anmeldeformular lückenlos ausgefüllt, der rote Zollkorridor benutzt und die Siegelung des Formulars durch den Zoll vorgenommen werden. Der grüne Zollkorridor wird bei der Einfuhr geringerer Beträge benutzt.

Bei der Ausreise können Devisen bis zu einer Höhe von US$ 10.000 oder dem Äquivalent (einer anderen Währung) frei ausgeführt werden; bei mehr als US$ 10.000 muss neben der Deklaration zusätzlich entweder die vorherige Einfuhr des Betrages durch eine gesiegelte Zolldeklaration oder die Überweisungsbescheinigung einer Bank nachgewiesen werden. Benutzen Sie in diesem Fall den roten Zollkorridor (Stand: 2018).

Devisenschmuggel ist strafbar. Konfiszierung des Devisenbetrages, Geldstrafe und mehrmonatige Untersuchungshaft sind bei Verstoß möglich.

Bargeld sollte in kleinen Einheiten (Euro oder Dollar) mitgenommen werden. Wechseln Sie Geld nur in anerkannten Banken oder Wechselstuben. Die Beschaffung von Bargeld mittels Kreditkarten und Reiseschecks ist problemlos möglich. Banken in großen Städten zahlen auch in Euro oder Dollar aus. In Moskau und

St. Petersburg gibt es eine größere Dichte von Geldautomaten. Bargeld kann aber nur in Rubel abgehoben werden. Bei Nutzung der Karte an Geldautomaten ist auf Veränderungen oder Manipulationen der Eingabetastatur und am Einzug der Karte sowie auf die unbeobachtete Eingabe der Geheimzahl zu achten. In der Vergangenheit ist es zu Missbrauchsfällen von EC- und Kreditkarten gekommen.

☺ Unter 💻 www.kartensicherheit.de können Sie sich eine SOS-Info-Karte ausdrucken. Auf dieser Karte stehen alle wichtigen Rufnummern zum Sperren von Kredit- und Mobilfunkkarten.

# Diplomatische Vertretungen

## … Russlands in der Schweiz:

Ⓒ︎Ⓗ︎ Botschaft der Russischen Föderation in der Schweiz, Brunnadernrain 37, Postfach 268, 3006 Bern, ☎ 031/352 05 66, 031/352 64 65, 031/352 05 68, FAX 031/352 55 95, ✉ rusbotschaft@bluewin.ch, 💻 www.switzerland.mid.ru

♦ Konsularabteilung der Botschaft der Russischen Föderation in der Schweiz, Brunnadernstraße 53, 3006 Bern, ☎ 041/031/352 05 67 oder 041/031/352 04 25, FAX 041/031/352 64 60, 📖 Mo-Mi, Fr 9:00-12:00

## … der Schweiz in Russland:

Ⓒ︎Ⓗ︎ Schweizerische Botschaft, Serpov pereulok 6, 119121 Moskau, ☎ 007/495/258 38 30, FAX 007/495/ 580 75 34, 007/495/ 995 85 12 (Visa), ✉ mos.vertretung@eda.admin.ch, 💻 www.eda.admin.ch/moscow

## … Russlands in Österreich

Ⓐ Botschaft der Russischen Föderation in der Republik Österreich, Reisnerstraße 45-47, 1030 Wien, ☎ 01/712 12 29, 01/713 86 22, FAX 01/712 33 88, 💻 www.rusemb.at, ✉ info@rusemb.at

♦ Generalkonsulat der Russischen Föderation in Salzburg, Bürglstr. 2, 5020 Salzburg, ☎ 066 26/241 84, FAX 066 26/21 74 34, ✉ genkonsulat@rusemb.at

## … Österreichs in Russland:

Ⓐ Starokonjuschennyi Pereulok 1, 119034 Moskau, ☎ 007/495/780 60 66, FAX 007/495/937 42 69, 💻 www.aussenministerium.at/moskau, ✉ moskau-ob@bmeia.gv.at

♦ Konsularabteilung: Bolschoi Lewschinksi Pereulok 7, 119034 Moskau,
☏ 007/495/956 16 60, ✉ moskau-ka@bmeia.gv.at

## ... Russlands in Deutschland:

Ⓓ Botschaft der Russischen Föderation, Unter den Linden 63-65, 10117 Berlin,
☏ 030/229 11 10, 030/229 11 29, FAX 030/229 93 97,
✉ info@russische-botschaft.de, 🖥 www.russische-botschaft.de

♦ Konsularabteilung, Behrenstraße 66, 10117 Berlin, ☏ 030/22 65 11 84,
FAX 030/22 65 19 99, ✉ infokonsulat@russische-botschaft.de

♦ Generalkonsulat der Russischen Föderation, Am Feenteich 20,
22085 Hamburg, ☏ 040/229 52 01, 229 53 01, FAX 040/229 77 27

♦ Generalkonsulat der Russischen Föderation, Waldstraße 42, 53177 Bonn,
☏ 02 28/386 79 30, FAX 02 28/31 21 64, 🖥 www.ruskonsulatbonn.de,
✉ visa@ruskonsulatbonn.de, 🕐 Mo-Fr 9:00-13:00

## ... Deutschlands in Russland:

Ⓓ Deutsche Botschaft, ul. Mosfilmowskaja 56, 119285 Moskwa, ☏ 007/495/937 95 00,
FAX 007/499/783 08 75, ✉ info@moskau.diplo.de, 🖥 www.moskau.diplo.de

♦ Konsularabteilung, Leninskij Prospekt 95 a, 119313 Moskwa, ☏ 007/495/933 43 11,
FAX +49/301 81 76 71 27, ✉ konsularreferat@mosk.diplo.de

♦ Visastelle, Leninskij Prospekt 95 a, 119313 Moskwa, ☏ 007/495/933 43 11,
FAX +49/301 81 76 71 28

# Ein- und Ausreise

Zur Einreise nach Russland wird ein Reisepass benötigt. Dieser muss bei Reise-
ende noch eine Gültigkeit von sechs Monaten haben. Prüfen Sie also rechtzeitig
die Restlaufzeit Ihres Reisepasses. Zudem brauchen Sie ein gültiges **Touristenvisum**. Mit den Unterlagen des Reiseveranstalters werden je zwei Zollerklärungen
pro Person verschickt. Technische Geräte wie Fotoapparat, Handy, Laptop, IPad,
Videokamera usw. sind unter Punkt 3.1. der Zollerklärung aufzuführen. Wer es
nicht zu Hause schafft, hat auf dem Flug genug Zeit diese in Ruhe auszufüllen.
Bei der Ausreise muss das zweite Formular entsprechend ausgefüllt werden.

Nach der Ankunft müssen Sie mit etwas Geduld Pass- und Zollkontrolle hinter sich bringen. Danach werden Sie von Dolmetschern Ihres Schiffes bereits
erwartet. Durch große Schilder mit dem Namen des Reiseveranstalters und Ihres

Schiffes finden Sie Ihren Transferbus, in den Sie Ihr Gepäck verladen. Wichtig ist die deutliche Kennzeichnung des Gepäcks mit der Kabinennummer, die Sie den Reiseunterlagen entnehmen. So kann es nach Ankunft auf dem Schiff auf Ihre Kabine gebracht werden.

Seit Februar 2003 muss für die Einreise eine Migrationskarte ausgefüllt werden. Die Karte wird entweder an Bord des Flugzeugs oder am Ankunftsflughafen verteilt. Sie erhalten einen abgestempelten Teil der Karte zurück, der bei der Ausreise wieder vorgelegt werden muss.

## Visum für Individualtouristen

Die Einreise nach Russland ist nur mit gültigem Reisepass und Touristenvisum möglich. Per Post zugestellte Visaanträge (pdf-Datei zum Runterladen) werden nicht bearbeitet; zugesendete Unterlagen werden unbearbeitet zurückgeschickt! Sie müssen entweder selbst zum Konsulat fahren, eine dritte Person beauftragen oder eine Visa-Agentur in Anspruch nehmen.

Folgende Unterlagen müssen eingereicht werden:
▷   Reisepass mit einer Restlaufzeit von mindestens sechs Monaten.
▷   zwei ausgefüllte und unterschriebene Visaanträge.
▷   ein Passbild 3,5 x 4,5 cm.
▷   einen Reisekrankenversicherungsnachweis von einem in Russland anerkannten Versicherungsunternehmens, sowie ein ausgefülltes Versicherungskartenformular.
▷   Kontoauszug oder andere Garantien der Rückkehrwilligkeit in den Aufenthaltsstaat (Nachweis eines regelmäßigen Einkommens durch Arbeits- und Verdienstbescheinigung (Original), Registrierung der eigenen Firma (Original mit einfacher Kopie), Nachweis von Wohneigentum usw.).
▷   Einladung/Reisebestätigung (z. B. die Bestätigung der Buchung eines Hotels von einem bevollmächtigten Reisebüro oder vom Hotel selbst; es muss eine Referenznr. angegeben werden).

Ein gängiges Touristenvisum kostet durchschnittlich € 35 und kann in der Regel nach wenigen Tagen abgeholt werden. Je eiliger das Visum, desto höher der Preis!

# Fotografieren/Filmen

Flughäfen, militärische und viele technische Anlagen dürfen nicht fotografiert werden. Ansonsten gibt es kaum Einschränkungen.

Museen verlangen meist den Erwerb einer Fotoerlaubnis. Manchmal ist nur Fotografieren ohne Blitzlicht gestattet. In der Moskauer **Tretjakow-Galerie** und im legendären **Bernsteinzimmer** von St. Petersburg ist das Fotografieren generell verboten. Zurückhaltung ist in Kirchen und Taktgefühl beim Fotografieren von Menschen geboten. Speichermedien für Digitalkameras sind in Moskau und St. Petersburg erhältlich, aber teurer als in Deutschland.

Bis vor Kurzem gab es in der in der St. Petersburger Metro ein paradoxes Fotografierverbot. Wer sich dennoch hinreißen ließ die schönen Stationen und langen Rolltreppen zu fotografieren, musste mit einer Strafe von 100 Rubeln rechnen. Inzwischen darf man, zumindest **ohne** Blitzlicht, Fotos machen. Für Filmaufnahmen bedarf es weiterhin einer Erlaubnis.

# Geld

Die Landeswährung ist der Rubel; ein Rubel sind 100 Kopeken. Informieren Sie sich vor Reiseantritt über den aktuellen Umtauschkurs. Stand Februar 2018: 1 Euro = 68,8 Rubel (🖳 www.russlandjournal.de/services/wechselkurs-rubel)

Vor Umtausch auf dem Schwarzmarkt wird dringend abgeraten. Der Euro hat inzwischen eine so gute Akzeptanz erreicht wie der US$. Sie benötigen ausreichend Bargeld, da es besonders außerhalb der Großstädte nicht überall üblich ist mit Kreditkarten zu zahlen und es in ländlicher Gegend wenig Geldautomaten gibt.

# Kriminalität

In russischen Großstädten ist mit vermehrter Straßenkriminalität zu rechnen. Das gilt vorzugsweise im Umfeld touristischer Attraktionen sowie in und an Metrostationen. Besondere Aufmerksamkeit und Vorsicht sollten Sie insbesondere beim Besuch von nicht besonders polizeilich geschützten Menschenansammlungen und bei der Nutzung öffentlicher Verkehrsmittel walten lassen. Russische Behörden warnen vor möglichen Attentaten und rufen zu besonderer Vorsicht auf.

Achtsamkeit ist in St. Petersburg im Bereich der Haupteinkaufsstraße Newski Prospekt geboten. Taschendiebe treten dort einzeln und in Gruppen auf. Lassen Sie Wertgegenstände, Papiere und größere Geldmengen an Bord Ihres Schiffes. Generell ist die Nutzung registrierter Taxiunternehmen empfehlenswert.

# Medikamente

Es ist sinnvoll eine kleine Reiseapotheke mitzuführen; vor allem sollten die Medikamente mitgenommen werden, die Sie regelmäßig benötigen. Praktisch und nützlich ist auch eine Grundausstattung an Schmerzmitteln, Pflastern, Mücken- und Sonnenschutz. Es ist ratsam, ausschließlich Wasser sicheren Ursprungs zu trinken, z. B. aus Flaschen (kein Leitungswasser, keine Eiswürfel in Getränken).

# Medizinische Hinweise

Die medizinische Versorgung in Russland ist gut, Sie können aber keine deutschen Standards erwarten. Besonders in Krankenhäusern ist die Hygiene nicht immer gewährleistet, auch ist Kenntnis der russischen Sprache erforderlich. Das gilt hauptsächlich außerhalb von Moskau und St. Petersburg. In den Großstädten gibt es gute private Krankenhäuser. Zudem müssen Sie davon ausgehen, dass Sie bar und sofort für eine Behandlung zur Kasse gebeten werden. In der Regel muss in Rubel oder US-Dollar gezahlt werden.

Beachten Sie, dass in der Russischen Föderation deutlich strengere Betäubungsmittelgesetze gelten als in Deutschland. Darunter fallen in Deutschland übliche Psychopharmaka sowie einige Schmerzmittel.

Vorsicht ist bei Blutkonserven geboten. Es ist dringend erforderlich eine Auslandskrankenversicherung mit Rückholversicherung abzuschließen.

Prüfen Sie vor Reiseantritt Ihren Impfstatus! Empfohlen sind: Tetanus-, Diphtherie-, Polio, Hepatitis A- und B-Schutz, sowie Zeckenschutzimpfung. Die Region zwischen Moskau und St. Petersburg zählt zu den Hochrisikogebieten für Frühsommer-Meningoenzephalitis. Auch wird eine Tollwut-Impfung empfohlen.

Karelien mit seinen Feuchtbiotopen nördlich des Ladogasees gilt mit einer Zeckendurchseuchung von 5 bis 12 % als Hochrisikogebiet. Neben der obligatorischen Impfung sollten Sie sich Haut bedeckend kleiden und Insekten abweisende Mittel (Sprays etc.) verwenden.

# Museen

In vielen Museen, Schlössern und anderen Sehenswürdigkeiten müssen Touristen erheblich höhere Eintrittspreise zahlen als Einheimische. Zum Fotografieren und Filmen wird in der Regel ein zusätzlicher Betrag fällig.

# Öffnungszeiten in St. Petersburg

Die Mehrzahl der Sehenswürdigkeiten und Museen hat von 10:00 bis 18:00 geöffnet. Meist gibt es einen wöchentlichen Ruhetag.

Das Gros der Geschäfte hat von 10:00 bis 19:00 geöffnet; manchmal gibt es von 14:00 bis 15:00 eine Mittagspause. Große Kaufhäuser sind durchgängig bis 21:00 oder gar 22:00 geöffnet. Besonders zur Zeit der Weißen Nächte gibt es unzählige 24-Stunden-Shops und auch morgens um 1:00 ist es kein Problem ein Bier zu bekommen.

# Öffnungszeiten in Moskau

Viele Lebensmittelgeschäfte haben täglich von 9:00 bis 21:00 geöffnet; einige bieten einen 24-Stunden-Service an. Einzelhandelsgeschäfte sind in der Regel Mo bis Sa von 10:00 bis 21:00 geöffnet; große Kaufhäuser auch bis 22:00. Wenige schließen über Mittag für eine Stunde.

Restaurants haben in der Regel von 12:00 bis 15:00 und von 18:00 bis 23:00 geöffnet; Cafés ab 9:00. Die Mehrzahl der Sehenswürdigkeiten und Museen hat von 10:00 bis 18:00 geöffnet.

Bitte erkundigen Sie sich im Hotel oder Service-Büro nach Ruhetagen!

# Post

Post von St. Petersburg oder Moskau nach Deutschland kann bis zwei Wochen unterwegs sein; von kleineren Ortschaften deutlich länger. Benutzen Sie für normale Postkarten und Briefe nur die blauen und nicht die gelben Briefkästen; letztere sind ausschließlich zur „Beförderung der ersten Klasse" innerhalb Russlands bestimmt.

# Reisekosten

Grundsätzlich lohnt sich ein Preisvergleich. Wer Zeit und Muße hat, kann sich entweder die Kataloge der verschiedenen Veranstalter besorgen und selbst recherchieren oder sich direkt beim Anbieter ein Angebot einholen.

Wer An- und Abreise individuell gestalten will sollte bedenken, dass es natürlich möglich ist nur die Kreuzfahrt (ohne das Pauschalangebot mit Flug) zu buchen. Sparen lässt sich aber dadurch nicht viel, denn im Durchschnitt ziehen die Veranstalter lediglich einen Flugpreis von ca. € 250 vom Pauschalpreis ab.

Flüge von Deutschland nach Russland und zurück bekommen Sie nicht immer günstiger und zur passenden Zeit. Es gibt zwar inzwischen einige Billigairlines aber nicht von allen Flughäfen. Es ist u. U. mit Nachtflügen und Zwischenstopps zu rechnen.

Zudem fallen zusätzlich Transferkosten an und Sie müssen sich das Visum selbst beschaffen. Vor Ort gibt es keine Möglichkeit eine solche Kreuzfahrt zu buchen, um möglicherweise die großen Reiseveranstalter zu umgehen.

Die Preise für eine solche Flusskreuzfahrt sind von mehreren Faktoren abhängig:

▷     der Reisezeit
▷     der Länge der Reise
▷     der Fluggesellschaft
▷     der Personenzahl in der Kabine
▷     Vollverpflegung oder Halbpension
▷     dem Deck (Unter-, Haupt-, Mittel- oder Oberdeck)
▷     Suite oder normale Kabine.

Konkrete Preisbeispiele ☞ Reiseveranstalter

🖐     Vorsicht ist angeraten bei günstigen Mehrbettkabinen im Unterdeck. Die meisten Reiseveranstalter bieten diese Kategorie gar nicht erst an, da es trotz des günstigen Preises häufig zu Reklamationen kommt. Zum einen gibt es dort keine großen Fenster, sondern lediglich Bullaugen und diese lassen sich noch nicht mal öffnen, zum anderen kommt es durch die Nähe zum Maschinenraum zu Lärmbelästigung, die schon aufgrund der Lage unvermeidbar ist.

# Reiseveranstalter

◆ **DERTOUR GmbH & Co. KG**, Emil-von-Behring-Straße 6, 60439 Frankfurt am Main, ☎ 069/153 22 55 33, ✎ service@dertour.de, 🖳 www.dertour.de.
11 Tage inkl. Flug ab ca. € 1.499; außer Trinkgeldern keine weiteren Zusatzkosten

◆ **Phoenix Reisen GmbH**, Pfälzer Straße 14, 53111 Bonn, ☎ 02 28/92 60-0, FAX 02 28/92 60-9 99, ✎ info@PhoenixReisen.com, 🖳 www.PhoenixReisen.com. Bieten keine Kreuzfahrten mit individueller Anreise an. Preis für 10 Tage zwischen € 1.299 (Vier-Bett-Kabine auf dem unteren Deck) und € 3.199 (Zwei-Bett-Suite außen), An- und Abreisepaket inklusive; zusätzlich fallen Visagebühren und Kosten für fakultative Ausflüge an.

◆ **nicko cruises GmbH**, Mittlerer Pfad 2, 70499 Stuttgart, ☎ 07 11/24 89 80-44, FAX 07 11/24 89 80-77, ✎ info@nicko-cruises.de, 🖳 www.nicko-cruises.de.
11 Tage kosten inkl. Flüge zwischen € 1.599 und € 1.849 + € 35 Visagebühr, Ausflüge und Getränke

◆ **Lernidee Erlebnisreisen GmbH**, Eisenacher Straße 11, 10777 Berlin, ☎ 030/786 00 00, FAX 030/786 55 96, ✎ team@lernidee.de, 🖳 www.lernidee.de.
Die 12-tägige Reise inkl. Flüge kosten zwischen € 2.590 und € 4.050 + € 89 Visagebühr + € 310 Ausflugspaket

◆ **berge & meer,** Berge & Meer Touristik GmbH, Andréestraße 27, 56578 Rengsdorf, ☎ 026 34/962 61 69, ✎ info@berge-meer.de, 🖳 www.berge-meer.de.
11. Tage inkl. Flug, Visum, acht Ausflügen und Vollverpflegung ab € 1.599

◆ **Kompass Tours GmbH**, Friedrichstrasse 231, 10969 Berlin, ☎ 030/20 39 19-50, FAX 030/20 39 19-20, 🖳 www.kompasstours.com, ✎ info@kompasstours.com
Der Preis für eine 11-tägige Reise liegt zwischen € 1.399 und € 2.799 Zwei-Bett-Suite Oberdeck); es kommen € 199 für das Ausflugspaket und die Visagebühr dazu.

# Strafrechtliche Vorschriften

Ein- und Ausfuhr von Drogen sind verboten und können mit langjährigen Haftstrafen geahndet werden. Das gilt auch bei geringen Mengen leichter Drogen.

Fotografierverbote sind einzuhalten, auch wenn diese nicht alle kenntlich gemacht werden. Militärische und technische Einrichtungen sollten daher grundsätzlich nicht fotografiert werden.

Bei allerorts zum Kauf angebotenen Ikonen ist Vorsicht angesagt, da die Ausfuhr von Antiquitäten und Kunstgegenständen aus der Zeit vor 1945 generell untersagt ist. Besonders überwacht wird dieses Verbot bei Ikonen.

# Souvenirs

Die Palette der Mitbringsel aus Russland ist lang und nicht alles, was Straßenhändler anbieten, hat wirklich Wert. Kunsthandwerkliche Erzeugnisse sind beliebt und bekannt.

Besonders **Matrjoschkas** werden gern gekauft. Die dickbäuchigen Holzpuppen, in denen in der Regel fünf bis sechs weitere Püppchen stecken, werden aus Lindenholz hergestellt. Das Holz wird etwa zwei Jahre lang gelagert und dann werden die Figuren gedrechselt. Nach der Handbemalung werden sie lackiert.

Farbenfroh und anmutig sind Palecher Miniaturmalereien sowie Schalen, Krüge und Löffel aus Chochloma. Meist werden sie in den Farben Schwarz, Rot und Gold bemalt.

*Matrjoschkas*

**Chochloma** ist eine ursprünglich aus der Ikonenmalerei stammende, kunstvolle Bemalung von hölzernem Geschirr wie Löffel, Teller und Schüsseln. Das Holz wird mit Leinöl (nach Geheimrezept zubereitet) behandelt, mit Aluminiumpulver überzogen und bemalt. Bei etwa 120°C verwandeln sich Aluminium und Leinöl im Ofen scheinbar zu Gold.

Neben kunstvollen Filigran- und Emaillearbeiten, Keramik, russischen Tüchern, Schachspielen und handbestickten Textilien gibt es schöne Schmuckstücke zu kaufen. Wer nicht auf Bernstein steht, der hat vielleicht Spaß an Flussperlenketten, die es entlang der Route oft zu kaufen gibt. Sie sind günstig und in vielen Farbnuancen und Größen zu haben. Achten Sie darauf, dass die Perlen nicht gleichmäßig sind und keine Rillen haben. Wenn Sie auf Glas klopfen hören sie am Klang, dass die Perlen echt und nicht aus Kunststoff sind.

*Künstler auf dem Newski-Prospekt*

Künstler verkaufen auf dem Arbat in Moskau und auf dem Newski-Prospekt in St. Petersburg wunderschöne Aquarelle und Ölgemälde. Zwar ist der Transport wegen der Größe unter Umständen etwas schwierig, aber Sie haben etwas ganz Besonderes und Individuelles.

Zum Nachbereiten der Reise eignen sich Kunstbände, Reiseführer, Postkarten und Videos von allen Sehenswürdigkeiten. Letzteres sind oft Raubkopien und die Qualität entsprechend.

Etwas typisch Russisches ist ein Samowar. Mit ihm kann Wasser für den Tee gekocht werden.

Kaviar und Wodka sind zwar bekannte russische Produkte, müssen jedoch nicht unbedingt mitgenommen werden; genießen Sie diese lieber in Russland. Die Preise weichen von denen in Deutschland kaum ab. Gerade bei Kaviar gibt es häufig erhebliche Qualitätsunterschiede.

In den Fußgängerzonen und im Umfeld touristischer Attraktionen verkaufen fliegende Händler Spielzeugsoldaten, Militärabzeichen, billige Uhren, Feuerzeuge, alte Kameras, russische Mützen und T-Shirts mit Hammer und Sichel und anderen Aufdrucken. Das Stöbern in diesen Sammelsurien ist recht interessant, aber die Dinge sind vergleichsweise wertlos und sowieso Geschmackssache.

In Moskau und St. Petersburg werden Souvenirs in allen großen Kaufhäusern in Euro angegeben.

## Terrorismus

Wie verschiedene Anschläge gezeigt haben, kann es in Russland auch außerhalb der Kaukasus-Region jederzeit zu Anschlägen kommen. Besondere Aufmerksamkeit ist insbesondere bei großen Menschenansammlungen und bei der Nutzung öffentlicher Verkehrsmittel geboten. Auch bei Orten mit Symbolcharakter sollten Sie Vorsicht walten lassen. Trotz verschiedener Sicherheitsvorkehrungen können terroristische Anschläge vergleichsweise leicht verübt werden. Sicherheitsbewusstes und situationsgerechtes Verhalten wird unbedingt angeraten.

Ob aktuelle Reisewarnungen oder besondere Hinweise zur Gefahrensituation vorliegen erfahren Sie auf den Webseiten des Auswärtigen Amtes.

🖳   www.auswaertiges-amt.de

In Moskau und St. Petersburg kann es in der Metro und in der Nähe touristischer Attraktionen zu Taschendiebstählen kommen.

## Toiletten

Die sanitären Einrichtungen an Bord sind bestens, was man an Land nicht überall erwarten kann. Öffentliche Toiletten sollten weitestgehend gemieden werden. Etwas besser ist ihr Zustand im Umfeld touristischer Attraktionen; deutlich besser in Hotels und guten Restaurants.

## Trinkwasser

Auf den Schiffen ist das Wasser nicht zum Trinken geeignet, aber unbedenklich beim Zähneputzen. Außerhalb ist allerdings Vorsicht geboten. Verwenden Sie nur abgekochtes Wasser oder Wasser aus verschlossenen Flaschen.

*Das Neue Jungfrauenkloster in Moskau*

# Zeitverschiebung

Gegenüber der mitteleuropäischen Sommerzeit beträgt die Differenz auf der gesamten Route von Moskau nach St. Petersburg eine Stunde.

Auf dem Schiff
von A bis Z

Impressionen an Deck

# Abfahrtszeiten

Bedenken Sie, dass Ihr Schiff pünktlich abfahren muss, um die Einhaltung des zeitlichen Ablaufs zu gewährleisten. Meist ist es nicht möglich, auf verspätete Passagiere zu warten. Informieren Sie sich daher rechtzeitig über die Abfahrtszeit des Schiffes. Spätestens eine Viertelstunde vor dem Ablegen sollten Sie zurück an Bord sein.

# Anlegestellen

**Moskau**: Severnij Retschnoj Voksal, Leningradskoje Chaussee 57
Nächste Metrostation: Retschnoj Voksal

**St. Petersburg**: Retschnoj Voksal, Prospekt Obuchovskoj Oborony 195
Nächste Metrostation: Proletarskaja

# Ausschiffung

Begleichen Sie rechtzeitig vor der Ausschiffung alle Bordrechnungen. Stellen Sie Ihr Reisegepäck bis zur angegebenen Zeit vor Ihre Kabinentür. Die Kabinen werden ab 10:00 gereinigt und stehen Ihnen nicht mehr zur Verfügung. Wenn Sie bis zum Flughafentransfer an keinem fakultativen Ausflug teilnehmen, können Sie sich weiterhin an Bord aufhalten und die öffentlichen Räume des Schiffes nutzen.

Das Gepäck wird bis zur Abfahrt zum Flughafen zentral aufbewahrt. Achten Sie bei den angebotenen Ausflügen darauf, dass Ihr Gepäck auch in Ihren Bus eingeladen wird. Die Verfahrensweise wird von der Reiseleitung rechtzeitig bekannt gegeben.

*Die Koffer gepackt und zur Abholung bereit*

# Besucher

Es sind keine Besucher an Bord gestattet.

# Bibliothek

In der Bibliothek trifft man sich zum Lesen, eine Palette Lektüre in deutscher Sprache ist vorhanden, und zum Spielen gibt es diverse Brett-, Karten- und Gesellschaftsspiele. Außerdem liegen aktuelle Tageszeitungen aus.

# Bordarzt

Die medizinische Versorgung auf der Reise ist vorbildlich. Auf den Schiffen gibt es einen Bordarzt, der feste Sprechzeiten hat, aber nach Bedarf auch weitere Termine vergibt. Zum Verständigen stehen Dolmetscher zur Verfügung. Bei schwerwiegenden Erkrankungen kann der Arzt Einweisungen ins Krankenhaus und Untersuchungen an Land veranlassen. Auch hier können Sie mit guter medizinischer Versorgung rechnen. Obligatorisch ist eine private Auslandskrankenversicherung. Der Bordarzt ist berechtigt für Behandlungen und Medikamente eine Rechnung auszustellen, die in bar (Euro) beglichen werden muss. Die Rechnung kann dann zu Hause der Versicherung vorgelegt werden.

# Bordausweis/Kabinenschlüssel

Beim Einchecken an Bord erhalten die Passagiere neben allgemeinen Informationen auch ihren Kabinenschlüssel und einen Bordausweis. Der Bordausweis sollte möglichst immer mitgeführt werden. Auf ihm sind in Deutsch und Russisch der Name, die Kabinennummer und die Adressen der Anleger in Moskau und St. Petersburg verzeichnet. Beim Verlassen des Schiffs zu Landgängen wird der Kabinenschlüssel gegen das sogenannte „Maschinchen" eingetauscht. Dieser kleine Apparat, an dem man die Kopfhörer anschließt, ermöglicht eine ständige Verbindung zum Reiseleiter. Bei der Rückkehr tauscht man diesen wieder gegen seinen Kabinenschlüssel. Somit kann sichergestellt werden, dass beim Ablegen auch wirklich alle Passagiere wieder an Bord sind und niemand unbemerkt zurückbleibt.

# Bordfunk/Durchsagen

Bordfunk ist sowohl in den Kabinen als auch an Deck zu empfangen. In den Kabinen kann er auch abgestellt werden. Wer morgens länger schlafen möchte, sollte unbedingt daran denken. Es gibt aktuelle Durchsagen zu Ausflügen, Mahlzeiten, einzelnen Programmpunkten und organisatorischen Belangen.

Sie erhalten mehrmals täglich aktuelle Streckeninformationen; gelegentlich auch russische Volksmusik. Während der Ruhezeiten ist der Bordlautsprecher im Allgemeinen ausgeschaltet.

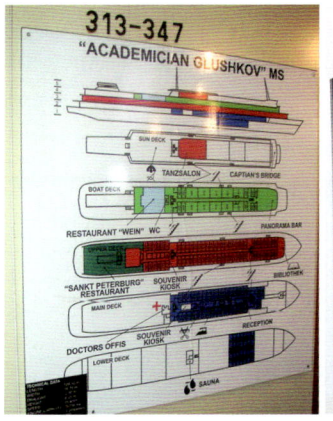 

*Beschreibung des Schiffdecks*      *Wegweiser an Bord*

# Bordsprache

Deutsch und Russisch; auf einigen Schiffen auch Englisch.

# Boutique

Zu festgelegten Zeiten können Sie Postkarten, Briefmarken und Souvenirs kaufen. Für Letzteres sind die Preise etwas höher als an Land, dafür gibt es aber eine bunte Auswahl und genügend Zeit zum Stöbern. Kurz vor Ende der Reise werden viele Sachen häufig zu reduzierten Preisen angeboten.

Auch eine kleine Palette von Waren des täglichen Bedarfs steht zum Verkauf.

# Decks/Deckplan

Die meisten Schiffe haben fünf Decks. Auf dem Sonnendeck befindet sich der Tanzsalon mit Bar. Im Freien ist genügend Platz für Tische, Stühle und Liegen, damit Sie die gute Sicht, Luft und Sonne genießen können. Über das Boots-, Ober-, Haupt- und Unterdeck verteilen sich die wenigen Suiten und vielen Kabinen. Es gibt meist zwei Restaurants, eine Bar, einen Minishop, Bibliothek, Rezeption (Hauptdeck), Friseur, Bügelzimmer und eine Sauna. Während die Suiten oben auf dem Bootsdeck untergebracht sind, findet man Motorraum, Mehrbettkabinen und die Unterkünfte der Besatzung im Unterdeck.

Motorraum und Brücke sind für Passagiere nicht zugänglich. Einmal pro Kreuzfahrt gibt es dort einen „Tag der offenen Tür" und Sie können nach Anmeldung auch diese Bereiche besichtigen.

*Auf der Brücke*

# DVD der Reise

Auf vielen Schiffen wird zur Erinnerung an die Reise eine DVD mit Bildern der Flusskreuzfahrt zusammengestellt. Dort werden sowohl die Landausflüge als auch die Aktivitäten an Bord festgehalten und mit Musik unterlegt. Unterhaltungshighlights und Aufnahmen von Land und Leuten komplettieren das Ganze. Die DVD kann am Ende der Reise gekauft werden und kostet ca. € 50.

# Dolmetscher

Das Personal spricht einige Worte deutsch. Es stehen genügend Dolmetscher zur Verfügung, die auch während der Ausflüge ansprechbar sind. Die örtlichen Reiseführer sprechen mehr oder weniger gut deutsch. Im Servicebereich sind viele Studenten beschäftigt, die über gute Deutschkenntnisse verfügen.

# Geld/Bezahlen

Es ist sinnvoll, sich noch vor Reisebeginn nach der Bordwährung zu erkundigen. Auf einigen Schiffen ist es der Rubel, auf anderen ausschließlich der Euro. Ist der Euro Bordwährung, sollte unbedingt ausreichend Bargeld in Euro mitgenommen werden. Leistungen wie Arztbesuche, Friseur, und Ausflüge sind dann auch nur in Euro zu bezahlen.

An Bord gibt es keine Möglichkeit Geld zu bekommen; der Tausch in Landeswährung ist etwas teurer als in Moskau oder St. Petersburg. Auch an Land ist es in der Kürze der frei verfügbaren Zeit oft schwierig. In Moskau und St. Petersburg gibt es viele Banken und Wechselstuben. Dort erhalten Sie jedoch nur Rubel. In großen Hotels besteht ebenso die Möglichkeit Geld zu wechseln oder Rubel zu bekommen.

Es ist sehr hilfreich sich vor Reiseantritt das fakultative Ausflugsprogramm mit den aktuellen Preisen beim Reiseveranstalter zu besorgen. In der Regel wird es mit den Reiseunterlagen zugeschickt. Nach intensivem Studium können Sie eine Vorauswahl treffen und die entsprechenden Kosten für zusätzliche Ausflüge bei der Euro-Bargeld-Mitnahme einplanen.

Während Vollpension an Bord inklusive ist, müssen Getränke in den Restaurants und an der Bar selbst bezahlt werden. Während der Flussfahrt, außerhalb der Liegeplätze in Moskau und St. Petersburg, kann auch mit den gängigen Kreditkarten (American Express, Eurocard/Mastercard, Visa) gezahlt werden.

EC-Karte und Travellerchecks werden nicht akzeptiert.

Unterwegs können Rechnungen auf die Kabine geschrieben werden. Die Bordrechnung muss vor Ankunft im Zielhafen beglichen werden. Wer bar bezahlt ist meist am schnellsten fertig; die längste Schlange ist beim Bezahlen mit Kredit-karte. Liegt das Schiff mehrtägig im Ein- oder Ausschiffungshafen kann nur bar und in Euro bezahlt werden.

# Fahrplan

Änderungen des Fahrplanes sind zwar selten aber grundsätzlich möglich. Das gilt auch für die Reihenfolge der verschiedenen Ausflüge. Es wird rechtzeitig infor-miert.

# Fernglas

Wer gern vom Schiff aus Landschaften, Tiere und Orte an den Ufern beobachtet, sollte ein Fernglas mitnehmen.

# Friseur

An Bord gibt es einen Frisiersalon. Termine sollten rechtzeitig vereinbart werden. Das gilt insbesondere vor abendlichen Veranstaltungen.

# Garderobe

Die Kleidung an Bord ist leger. Für Ausflüge sind bequeme und rutschfeste Schu-he empfehlenswert. Da das Wetter rasch wechseln kann sollten Sie auch im Som-mer an warme Pullover und eine Regenjacke denken.

Klöster und Kirchen betreten Frauen nur mit bedecktem Kopf. Ein Kopftuch in der Tasche ist da sehr praktisch. Ebenso wird erwartet, dass Schultern und Knie bedeckt sind. Bei Sonnenschein ist an Sonnenschutz zu denken. Schnell wird die Gefahr eines Sonnenbrands durch die leichte bis mittlere Brise unterschätzt. Ins Gepäck gehören tritt- und rutschfeste Schuhe zum Betreten der Außendecks. Auch die Treppen im Inneren sind steil und schmal. Für das normale abendliche Bordprogramm ist keine besondere Abendkleidung nötig. Wer sich aber bei Kapi-tänsdiner, Konzerten und Tanzveranstaltungen gern von seiner besten Seite zei-gen möchte, sollte das berücksichtigen und entsprechend einpacken. In Moskau und St. Petersburg können sie abends zudem ins Ballett oder Konzert gehen.

# Gepäck

Da die Kabinen recht klein sind, sollten Sie flache Koffer mitnehmen, die Sie nach dem Auspacken Platz sparend unter dem Bett verstauen können. Zusammenfaltbare Reisetaschen sind ebenso praktisch. Die Gepäckstücke müssen mittels Kofferanhänger gut lesbar beschriftet werden. Wichtig hierbei ist vor allem die Kabinennummer; nur so können die Träger das Gepäck in die richtige Kabine bringen.

# Getränke

Zum Frühstück gibt es Tee und Kaffee; zum Abschluss der übrigen Mahlzeiten wird ebenso Tee gereicht. Dieser ist meist recht süß. Alle übrigen Getränke können beim Kellner gegen Bezahlung bestellt werden. Im Tanzsalon und an der Bar gibt es Bier, Wein, Cocktails und natürlich Wodka.

   Wirklich ausgezeichnet schmeckt der Cappuccino an Bord.

*Die Schiffsbar*

# Kabinen

Alle Kabinen sind Außenkabinen mit Dusche und WC. Es gibt eine individuell regulierbare Klimaanlage, Mini-Kühlschrank und Bordradio. Einzelkabinen sind ca. 6 m², Zwei-Bett-Kabinen ca. 10 m² und Vier-Bett-Kabinen ca. 12 m² groß. Die 20 m² großen Suiten haben einen getrennten Wohn- und Schlafbereich.

*Standardkabine*

Die Kabinen sind eher spartanisch eingerichtet. Im Flur befinden sich Kleiderschrank und Garderobe. Hinter einem Vorhang stehen zwei Betten und ein kleiner Tisch. Die Betten sind relativ schmal und nicht selten rechts und links fest mit der Wand verankert. Ein Zusammenrücken ist damit unmöglich. Auf manchen Schiffen ist eines der Betten ein Wandbett und lässt sich bei Bedarf hochklappen. Darüber befinden sich einige Regale und Schränkchen. Ein sehr nützliches Ausstattungsstück ist der Mini-Kühlschrank. Hier lassen sich diverse Köstlichkeiten, die Sie von Landgängen mitbringen, verstauen und Erfrischungsgetränke oder Sekt und Wodka kaltstellen.

Safe und TV gibt es in der Kabine nicht.

Die Nasszelle ist einfach aber sauber; im ersten Moment allerdings etwas gewöhnungsbedürftig. Der Platz zwischen Toilette und Waschbecken ist zugleich die Dusche. Eine separate Kabine gibt es nicht. Mit einem Vorhang lässt sich die Toilette etwas vor der Nässe schützen, aber im

*Nasszelle*

Prinzip wird beim Duschen die Nasszelle geflutet. Am Boden befindet sich ein Ablauf, sodass das Wasser auch wieder abfließt. Badeschuhe sind vorteilhaft.

Auch müssen Sie eine Weile warten, bis der Spiegel nicht mehr beschlagen ist.

# Klimaanlage

Das Schiff ist voll klimatisiert. In den Kabinen kann die Klimaanlage mit zwei Schaltern für Temperatur und Luftzufuhr individuell reguliert werden.

# Landausflüge/Landgänge

Viele Ausflüge sind im Reisepreis enthalten und dem Tagesprogramm zu entnehmen. Sie erhalten für die Dauer der Reise eine Busnummer und einen Dolmetscher, der die Ausflüge begleiten wird. Bitte orientieren Sie sich immer an dieser Nummer. Bei Führungen durch Museen, Ausstellungen, bei Stadtrundgängen und in Kirchen trägt auch der örtliche Reiseführer diese Nummer auf einem Schild mit sich. So können Sie sich leicht orientieren und verlieren auch im Gedränge Ihre Gruppe nicht.

Das ist besonders in Moskau und St. Petersburg wichtig, da dort alle Sehenswürdigkeiten touristisch stark frequentiert sind. Bei fakultativen Ausflügen, die Sie an Bord buchen können, gilt diese Busnummer nicht. Achten Sie daher besonders auf Ihre Gruppe.

Legt Ihr Schiff längere Zeit an, gibt es die Möglichkeit zu individuellen Landausflügen. Besorgen Sie sich vorher einen Stadt- und/oder Metroplan. Sinnvoll ist es auch die Adresse der aktuellen Anlegestelle/Hafen aufzuschreiben.

Wenn Sie keine kyrillischen Buchstaben schreiben/lesen können, sollten Sie die Adresse an Bord von einem Dolmetscher aufschreiben lassen. Erkundigen Sie sich, wann Ihr Schiff ablegen wird. Sie sollten 30 Minuten vorher an Bord sein und Ihre Bordkarte an der Rezeption abgeben, damit die Crew weiß, dass Sie wieder an Deck sind.

# Massage

Der Bordarzt bietet auf den meisten Schiffen auch medizinische Massagen an. Lassen Sie sich an der Rezeption einen Termin geben.

Eine Teilkörpermassage kostet ca. € 15 für 20 Minuten und eine Ganzkörpermassage ca. € 35 für 60 Minuten.

# Nachtruhe

Ab 24:00 wird um ungestörte Nachtruhe für die Mitreisenden gebeten. Tanz- und Musikveranstaltungen enden um diese Zeit. Die Bar bleibt weiterhin geöffnet. Ebenfalls Rücksicht auf ruhende Gäste sollte von 13:00 bis 15:00 genommen werden.

# Preise an Bord

Das Preisniveau an Bord entspricht in etwa dem in Deutschland. Zigaretten sind deutlich billiger.

Nach dem Essen wird im Restaurant häufig Wodka angeboten, der mit € 2,50 für ein kleines Glas eher teuer ist.

# Reinigung der Kabine

Die Kabinen werden jeden Vormittag von einer Stewardess gereinigt. Bis 10:00 sollte daher der Kabinenschlüssel an der Rezeption abgegeben werden. Handtücher werden auf Wunsch täglich gewechselt.

Als Beitrag zum Umweltschutz wird darum gebeten unnötiges Wäschewaschen zu vermeiden. Handtücher, die weiter benutzt werden sollen, lassen Sie hängen, die, welche ausgetauscht werden sollen, legen Sie auf das Waschbecken oder auf die Toilette.

# Rauchen

In der Regel handelt es sich um Nichtraucher-Schiffe mit ausgewiesenen Raucherbereichen.

# Reiseleitung

Die Reiseleitung ist während der ganzen Tour mit an Bord. Neben festen Sprechzeiten, die an der Rezeption aushängen, können zusätzliche Termine vereinbart werden.

Die Reiseleitung verkauft die fakultativen Ausflüge und organisiert diese, informiert durch Borddurchsagen und kümmert sich um die allgemeine Gästebetreuung und -beratung.

# Rezeption

Die Rezeption ist am Tag durchgehend besetzt; in der Regel von 7:00 bis 24:00.

Es wird deutsch gesprochen.

# Sicherheit

Die Sicherheit ist gewährleistet. Da keine Fremden an Bord kommen dürfen, gibt es in der Regel keine Vorkommnisse. Trotzdem ist es angebracht seine Kabine beim Verlassen abzuschließen.

# Sicherheitsbestimmungen

An Bord finden Sie Fluchtpläne und in der Kabine sind Schwimmwesten.

*Sonnen an Deck*

# Sonnendeck

Die Sonnendecks sind mit Liegestühlen, Tischen und Stühlen ausgestattet. Es ist unerwünscht Decken, Kissen und Handtücher aus der Kabine dorthin mitzunehmen. Auf das Reservieren von Deckstühlen oder -liegen sollte im Interesse aller Passagiere verzichtet werden. Wer die Ruhe und Beschaulichkeit der dahingleitenden Natur an Deck auch bei niedrigeren Temperaturen genießen möchte, sollte an warme Kleidung denken.

# Stromspannung/Steckdosen

In der Kabine gibt es 220 V Wechselstrom. Wenn Sie im Bad nur eine Niedrigvoltsteckdose finden, die gerade mal genug Energie für einen Rasierapparat hat, keine Panik! In der Kabine ist ein Kühlschrank, über dem sich ein aufklappbares Fach befindet. Dort ist eine weitere Steckdose mit 220 V. Sie werden leider keinen Spiegel in der Nähe finden, sodass es ratsam ist, sich selbst einen mitzubringen. Wer mehrere Akkus zu laden hat (Handy, Fotoapparat, Laptop, IPad usw.) sollte sich eine Mehrfachsteckdose mitnehmen.

# Tagesprogramm

Die Reiseleitung stellt das Tagesprogramm akribisch genau zusammen. Nach dem Abendessen wird es für den nächsten Tag unter der Kabinentür durchgeschoben und hängt zudem an der Rezeption aus. Lassen Sie sich vom straffen Tagesablauf nicht abschrecken! Sie entscheiden, an welchen Veranstaltungen Sie teilnehmen möchten. Wer den Ehrgeiz hat das komplette Programm zu absolvieren, ist von 7:00 bis 24:00 voll beschäftigt und fällt mit Sicherheit müde in seine Koje.

# Technische Daten

Einige Kreuzfahrtschiffe sind neu, viele wurden aber in der ehemaligen DDR gebaut und in den letzten Jahren von Grund auf renoviert. Sie fahren unter russischer Flagge mit ca. 100 Personen Besatzung. Je nach Größe des Schiffes können ca. 240 Passagiere in Einzel-, Zwei- und Vierbettkabinen und in Suiten beherbergt werden. Die fünf Decks verteilen sich über eine Länge von ca. 130 m und eine Breite von ca. 17 m. Die Schiffe sind voll klimatisiert. Da es nur Außenkabinen gibt, sind diese mit großen Fenstern versehen, die sich natürlich auch öffnen lassen. Nur die Mehrbettkabinen auf dem Unterdeck haben Bullaugen, die sich nicht öffnen lassen.

*Kreuzfahrtschiff am Pier*

# Telefon

Handynetze sind in Russland größtenteils flächendeckend. Wenn Sie Ihr privates Handy vor Reiseantritt international freigeschaltet haben, dann können Sie es problemlos nutzen. Über Festnetz sind die Schiffe in der Regel nicht erreichbar. Einige

Schiffe bieten jedoch eine direkte Telefonverbindung nach Deutschland an. Dafür müssen Sie an der Rezeption eine Telefonkarte erwerben. Mit der linken oberen Taste können Sie die Sprache wählen. Nach dem Abheben des Hörers wird die Karte eingesteckt und die Vorwahl 81049 eingegeben. Die Rufnummer erfolgt ohne 0. Diese Telefonate sind jedoch recht teuer: ca. € 1 für 1 Minuten, wobei die Einheiten sofort nach Verbindung gezählt werden. Das gilt auch bei Rufumleitungen und Anrufbeantwortern.

Günstiger telefonieren können Sie an Land von einem Telegrafenamt. Das Gespräch muss vorher angemeldet und in Rubel bezahlt werden.

# Tiere

Die Mitnahme von Tieren an Bord ist untersagt.

# Tischplatzreservierung

Es ist durchaus üblich, dass am ersten Reisetag eine Sitzplatzordnung festgelegt wird, die bis zum Ende der Reise beibehalten wird. Zum Frühstück gibt es auf den meisten Schiffen ein Buffet ohne feste Sitzordnung.

# Trinkgeld

Es ist üblich, dass Schiffspersonal und Dolmetscher Trinkgeld erhalten. Es besteht zwar keine ausdrückliche Verpflichtung, aber 10 % sind angemessen. Meist machen die Reiseveranstalter an Bord Vorschläge über die Höhe von Trinkgeldern und stellen vor Abschluss der Reise Sammelboxen an Bord auf. Als Honorierung für guten Service sollten ca. € 5 pro Reisetag und Passagier gerechnet werden.

# Verpflegung/Mahlzeiten

Zum Frühstück gibt es ein Buffet mit Kaffee, Tee, Müsli, Marmelade, Ei, Rührei, Wurst, Tomate, Honig, frischem Obstsalat und manchmal auch Obst aus der Dose. Langschläfer sollten sich einen Wecker stellen, die Frühstückszeit liegt zwischen 6:00 und 9:00. Das Mittagessen wird in vier Gängen gereicht. Nach dem Salat folgen Vorsuppe, Hauptgang und Nachspeise. Am Vorabend liegt ein Menüplan auf dem Tisch und Sie können Suppe und Hauptgang auswählen. Die Mahlzeiten sind gut verträglich, abwechslungsreich und oft typisch russisch. Seien Sie neugierig und kosten Sie auch die Gerichte, die Sie nicht kennen. Es lohnt sich. Zum Abendessen gibt es ebenso ein 4-Gang-Menü, das bereits beim Mittagessen ausgewählt werden kann. Brot mit Käse und Wurst sind in Russland unüblich.

*Tisch im Bordrestaurant*

Zum Abschluss des Essens werden Tee und Kaffee gereicht. Weitere Getränke müssen beim Kellner bestellt und bezahlt werden. Zumeist besteht die Möglichkeit ganze Flaschen z. B. Wein zu bestellen und den Rest der Flasche, mit der Kabinennummer versehen, bis zum nächsten Essen aufbewahren zu lassen. Im Interesse der Passagiere wird darum gebeten im Restaurant nicht zu rauchen. Benötigen Sie Diätkost sollten Sie sich vor Reiseantritt beim Reiseveranstalter melden.

Bei Ausflügen über die Mittagszeit werden Lunchpakete bereitgestellt.

# Unterhaltung/Bordleben

Die Kreuzfahrtschiffe bieten auch neben den Landausflügen ein abwechslungsreiches Programm. Es gibt den obligatorischen Kapitänscocktail, Unterhaltungsmusik im Tanzsalon, Akkordeonspiel in der Bar, spannende Filme in der Bibliothek oder das Hörspiel über Bordfunk. Wer selbst aktiv sein möchte kann sich am Russisch-sprachkurs, Tanzunterricht, „Wolga-Schiffschor", Frühsport oder Walking beteiligen. Vorträge über Russland, Witzeabende, Blinipartys, Wodkaprobe, Modenschau, Tombola, Quiz werden ebenso angeboten.

Höhepunkt ist oft ein „Jekami (Jeder kann mitmachen)-Abend" der „unbe-kannten Bordkünstler", der meist genauso unterhaltsam wie lustig ist. Ein wenig kommt Traumschiffatmosphäre „light" auf. Die Animateure sind zumeist Studen-tinnen, die am Tag als Dolmetscher, Verkäuferinnen oder an der Rezeption des Schiffes arbeiten. Wer die Ruhe genießen möchte, findet auch dazu genug Gele-genheit. Besonders beeindruckend sind die Sonnenuntergänge – nicht nur zur Zeit der weißen Nächte (Mai/Juni). Es verblüffen beeindruckende Farbenspiele und faszinierende Wasseroberflächen.

# Wäscheservice

Problemlos und schnell wird Ihre Kleidung auf Wunsch auch gewaschen und/oder gebügelt. Sie besorgen sich einen Waschzettel (liegt entweder in der Kabine aus oder ist an der Rezeption zu bekommen) und hinterlegen ihn ausgefüllt mit der Wäsche auf Ihrem Bett. Am nächsten Tag erhalten Sie Ihre Kleidungsstücke mit einer Rechnung zurück. Diese begleichen Sie bei der Kabinenstewardess oder hinterlegen das Geld gut sichtbar auf der Rechnung. Eine chemische Reinigung gibt es an Bord nicht.

# Wertsachen

Wertsachen nehmen Sie sicherheitshalber nicht mit an Land. Das gilt auch für Rei-sepass und Personalausweis. Mit der Bordkarte können Sie sich jederzeit als Pas-sagier Ihres Schiffes legitimieren. In der Kabine sind Wertsachen im Prinzip sicher aufgehoben. Es gibt jedoch meist keinen Safe. Bei Verlassen des Schiffs ist auf das Schließen der Fenster zu achten, da an der Anlegestelle, besonders in Moskau und St. Petersburg, oft mehrere Schiffe nebeneinander liegen.

# Beschreibung der Schiffsreise

Singer-Haus am Newski
Prospekt

*„Warum reisen wir? Damit wir noch einmal erfahren,*
*was in diesem Leben möglich ist."*
Max Frisch

Die Schiffsroute verbindet die beiden berühmtesten Residenzstädte der Zaren und führt von Moskau über den Moskau-Kanal in die Wolga und über den Wolga-Ostsee-Kanal in den russischen Norden mit seinen riesigen Seengebieten, dem Ladoga- und dem Onegasee. Mit einer Fläche von 18.500 km² ist der Ladogasee der größte Süßwassersee Europas und der **Onegasee** mit einer Wasserfläche von 10.000 km² der zweitgrößte. Durch die stille, weite Landschaft Kareliens gleitend kommt das Schiff in der Stadt an der Newa, in St. Petersburg „Russlands Fenster zum Westen" an.

Zuerst war es nur ein Traum von Zar Peter dem Großen. Bereits vor 300 Jahren träumte er von einem durchgängigen Wasserweg von Moskau nach St. Petersburg. Erst seit dem Bau des Moskau-Kanals vor ca. 50 Jahren wurde er möglich. Heute fahren bis zu 100 Kreuzfahrtschiffe täglich auf dem „Wasserweg des Zaren". Zwischen Mai und Oktober überwinden sie auf einer Strecke von ca. 1.400 km 17 Schleusen und einen Höhenunterschied von insgesamt 162 m. Ein Geheimtipp ist die Route allerdings nicht mehr. Täglich besuchen Tausende von Touristen aus aller Welt die Dörfer entlang der Strecke.

Häufig gewählter Startpunkt für die Reise ist Moskau, wo Sie nach Ankunft auf dem Schiff die Kabine des „schwimmenden Hotels" beziehen. Die russische Hauptstadt bietet viele Höhepunkte und ist geprägt von Zarenherrschaft, russisch-orthodoxer Kirche und natürlich der Sowjetzeit. Heute ist Moskau eine lebhafte Metropole, deren Herzstück nach wie vor der **Kreml** ist. Mit dem Bau dieses imposanten Gebäudekomplexes begann die Stadtgeschichte Moskaus. Der Kreml gilt nach wie vor als Machtzentrum der russischen Politik und Präsident Wladimir Putin hat noch immer Büroräume auf dem Campus.

Nach dem Verlassen der russischen Hauptstadt passiert das Schiff den Moskau-Kanal und kreuzt flussabwärts auf der oberen Wolga. Die erste Haltestelle ist Uglitsch, eine der ältesten Städte an der oberen Wolga. Höhepunkt dort ist der Besuch der **Dimitrij-Blut-Kirche**, die an jener Stelle erbaut wurde, an der der Sohn Iwan des Schrecklichen ermordet wurde.

Viele Schiffe legen einen Zwischenstopp in Kostroma ein. Die Stadt gehört zum „Goldenen Ring". Hier wurde am 4. März 1613 mit der Wahl des erst 16-jährigen Michael Fjodorowitsch zum Zaren die über 300-jährige Dynastie der Romanows eingeleitet.

Als „**Goldener Ring**" werden die altrussischen Städte bezeichnet, die in einem Umkreis von 50 bis 500 km um Moskau liegen. Siedler errichteten an den Ufern der großen Ströme ihre Siedlungen. Mit der Zeit entstanden Städte, die häufig an der Kreuzung von Handelswegen lagen. Oft mussten sich diese Städte auch gegen die Überfälle feindlicher Horden wehren.

Weiter geht die Reise zur wohl schönsten Stadt des altrussischen „Goldenen Rings". Jaroslawl wurde 1016 vom Kiewer Fürsten Jaroslawl dem Weisen gegründet und ist somit auch älter als Moskau. Die **Prophet-Elias-Kirche** mit ihrer beeindruckenden Ikonostase, die imposante Erlöserkirche und die Reste des alten Handelszentrums sind Zeugen damaliger Baukunst.

Die **Ikonostase** (griechisch Standplatz des Bildes) ist in der orthodoxen Kirche eine mit Ikonen geschmückte Wand mit drei Türen. Sie stellt die Schranke zwischen Chor und Gemeinderaum dar. Da sie zwischen dem Kirchenschiff und dem Allerheiligsten in der orthodoxen Kirche steht, trennt sie somit die Gläubigen und den Altar.

Wieder an Bord überquert das Schiff einen der größten Stauseen der Welt. Der **Rybinsker Stausee** ist achtmal so groß wie der Bodensee und wurde unter größten Opfern 1941 fertig gestellt. Über viele kleine Flüsse und Seen erreicht das Schiff den Wolga-Ostsee-Kanal und den Ort Goritsy mit seinem im 16. Jahrhundert erbauten (ehemaligen) Goritsy-Nonnenkloster. Inmitten tiefster Provinz, ca. 7 km von Goritsy entfernt, liegt der Ort Kirillow mit dem weitläufigen Komplex des **Kirillow-Bjeloserski-Klosters**; einem sehenswerten Denkmal altrussischer Kultur und Architektur und früher eines der bedeutendsten Klöster Russlands.

Weiter führt die Reise auf dem Wolga-Ostsee-Kanal dann zum Onegasee mit seinen vielen Inseln und Inselchen. Diese fast unberührte Wasserlandschaft liegt inmitten des russischen Teils Kareliens, wo das Holz seit Jahrhunderten auf dem Wasser zum Kaspischen Meer oder an die Ostsee transportiert wird. Das zweitgrößte Binnengewässer Europas ist bis Mai zugefroren und in den wärmeren

Monaten zieht es unzählige Touristen auf die winzige Insel Kishi im nördlichen Teil des Onegasees.

In märchenhafter Naturlandschaft liegt das zum UNESCO-Weltkulturerbe zählende Freilichtmuseum mit seinen Zeugen karelischer Holzarchitektur und Volkskunst. In diesem Museumsdorf wurden alte Holzbauten aus verschiedenen Regionen des Landes zusammengetragen.

Über den malerischen Fluss **Swir**, der Onega- und Ladogasee verbindet, führt die Route weiter in Richtung Ladogasee. Der Fluss ist an manchen Stellen so schmal, dass er für zwei Schiffe gleichzeitig nicht breit genug ist. Diese Passagen sind ungefährlich, aber für Reisende besonders spannend. Der 224 km lange Swir stellt die traditionelle Südgrenze Kareliens dar.

*Mandrogi – russische Folklore für die Touristen*

In **Mandrogi** gibt es einen kurzen Zwischenstopp. Während vom Schiff aus ein Picknick an Land organisiert wird ist Zeit, den Ort bei einem individuellen Spaziergang zu erkunden und die Flora und Fauna der Region hautnah zu erleben. Ein kleines Wodkamuseum und eine Handwerkssiedlung laden zum Besuch ein.

Der **Ladogasee**, Europas größter Süßwassersee, hat mit seinen einsamen Sandstränden, Wäldern und Inseln für Naturliebhaber viel zu bieten. In den See münden 3.500 Flüsse; ihm entspringt jedoch nur ein einziger Fluss: die Newa. Diese ist mit 74 km relativ kurz und verbindet den Ladogasee mit dem Finnischen Meerbusen. Auf Finnisch bedeutet Newa „Sumpf" und erinnert an die Gründung der Stadt durch Peter I., als das flache Flussdelta noch aus einer einzigen Sumpflandschaft bestand.

Endstation der Reise ist das bezaubernde **St. Petersburg**, auch „**Venedig des Nordens**" genannt. Mit ihren 101 Inseln, 66 Kanälen und Hunderten von Brücken hat die Stadt diese Bezeichnung durchaus verdient. Sie wurde auf 44 Inseln im Mündungsgebiet der Newa erbaut und gilt mit ihren prächtigen Palästen als eine der schönsten Städte der Welt. Die erst 300 Jahre alte Metropole besticht durch unglaubliche Sehenswürdigkeiten wie die Zarenresidenz Puschkin mit dem sagenumwobenen Bernsteinzimmer.

Das von Andreas Schlüter geschaffene **Bernsteinzimmer** war 1716 ein Geschenk des preußischen Königs Friedrich Wilhelm I. an Peter den Großen. Die komplette Wandvertäfelung aus Bernstein wird auch als achtes Weltwunder bezeichnet. Das Bernsteinzimmer wurde im Zweiten Weltkrieg von deutschen Soldaten in 36 Stunden demontiert und am 14.10.1941 nach Königsberg abtransportiert. Obwohl zahlreiche internationale Gruppen bis heute versuchen das Original wieder zu finden, ist über den weiteren Verbleib nichts bekannt. Die Rekonstruktion des legendären Bernsteinzimmers wurde am 31.05.2003 eingeweiht.

Auf der Haupteinkaufsstraße „**Newski Prospekt**" pulsiert das Leben, lädt zum Flanieren und Verweilen bei einer Tasse Cappuccino ein.

# Streckenverlauf

*Springbrunnen am Platz des Sieges in Moskau*

# Moskau

## Allgemein

Moskau ist Herz, Hauptstadt und Machtzentrum Russlands. Die Stadt mit dem Glanz der Goldkuppeln liegt im europäischen Teil Russlands an der Moskwa. Mit einer Fläche von 1.000 km$^2$ und 12,4 Mio. Menschen ist Moskau sowohl flächen- als auch einwohnermäßig die größte Stadt Russlands; auf der Achse Paris und Peking gibt es keine größere. Der Rote Platz und der Kreml, beide im Zentrum Moskaus, stehen seit 1990 auf der 628 Kulturdenkmäler umfassenden UNESCO-Liste des Weltkulturerbes.

> *„Jeder russische Mensch fühlt,*
> *wenn er auf Moskau blickt,*
> *dass es seine Mutter ist."*
> Lew Tolstoi

In Legenden, Liedern und Gedichten besingen die Russen Schönheit und Größe ihrer Hauptstadt. Moskau gehört zu den jüngeren europäischen Hauptstädten und wurde 1147 vom russischen Fürsten **Dolgoruki** (1090-1157) gegründet. Nach einer Sage befahl der Fürst eine hölzerne Stadt zu errichten und sie nach dem Fluss zu benennen, an dem sie erstand.

1480 schaffte es die ehemals einfache Siedlung Hauptstadt Russlands zu werden. 1610 wurde Moskau von Polen und Litauern besetzt und geplündert. Durch **Peter den Großen** verlor die Stadt 1712 sogar ihren Status als Hauptstadt an St. Petersburg. Beim Angriff **Napoleons** 1812 brannte sie bis auf die Grundmauern nieder, wurde aber wieder aufgebaut. 1918 erklärte Lenin Moskau zur Hauptstadt Sowjetrusslands. Seit 1991 ist sie Hauptstadt der Russischen Föderation.

Die Stadt ist radial-ringförmig angelegt. Der Kreml bildet ihren Mittelpunkt. In Moskau hinterließen alle Etappen des riesigen Reiches ihre Spuren. Wuchtige Betonklötze stehen neben stolzen alten Klöstern, stalinistische Zuckerbäckerbauten neben feinen Jugendstilvillen. Auf Initiative Stalins begann 1935 der „Generalplan zur Stadterneuerung", eine komplexe Neugestaltung Moskaus. Breite Radialstraßen wurden angelegt und die Metro eröffnet.

Der Moskau-Wolga-Kanal und neue Brücken über die Moskwa wurden gebaut. Durch die Altstadt wurden Straßen gezogen und zahlreiche historische

Bauten mussten überdimensionierten sowjetischen Prunkbauten weichen. Überwiegend politische Gefangene mussten den Generalplan umsetzen.

Heute leben in Moskau Angehörige von rund 130 Nationalitäten. 90 % der Einwohner sind Russen. Die größten ethnischen Minderheiten sind Ukrainer, Tataren und Juden mit jeweils etwa 2 % Bevölkerungsanteil. Es ist unmöglich die Zahl illegaler Einwanderer aus der ehemaligen Sowjetunion zu erfassen.

*Beliebte Freizeitbeschäftigung – ein Ballettbesuch*

Der Lebensstandard der Moskowiter verbesserte sich in den letzten Jahren deutlich. Die besondere Stellung Moskaus als Hauptstadt schlägt sich auch in einer niedrigen Arbeitslosigkeit nieder. Die offiziell registrierte Rate liegt bei etwa 1,6 % (Landesdurchschnitt: ca. 5,4 %). Es handelt sich hierbei aber nicht um verlässliche Daten, da es in Russland wegen des extrem niedrigen Arbeitslosengeldes (ca. RUB 100) unpopulär ist, sich arbeitslos zu melden. Sicher ist, dass in der Hauptstadt die höchsten Löhne gezahlt werden. Der Durchschnittsverdienst liegt bei ca. € 1.500/Monat. Das ist deutlich mehr als das Doppelte des Landesdurchschnitts. Allerdings gibt es in Abhängigkeit von Beschäftigungsart und Branchenzugehörigkeit erhebliche Unterschiede im Lohn- und Gehaltsniveau. Insgesamt jedoch sind in den letzten Jahren nicht nur im Privatsektor, sondern auch in staatlichen Einrichtungen Löhne und Gehälter spürbar gestiegen. Das betrifft hauptsächlich die große Zahl von Lehrern, Ärzten und Staatsangestellten.

Inzwischen gehören etwa 20 % der Moskowiter Bevölkerung zur Oberschicht. Mehr als 2 Mio. Menschen hat somit eine hohe Kaufkraft. Etwa 50 % der Bevölkerung zählt sich inzwischen selbst zur Mittelschicht. Nicht jeder, der von der marktwirtschaftlichen Situation profitiert, sollte daher vorschnell mit der „Russenmafia" in Verbindung gebracht werden.

# Moskau

1:28.000

0 m      600 m

N
W   O
S

*Tverskoj rajon*

Trubnaja Platz

Pu'kinskaja Platz

Tverskaja-Straße

Nikitskije Vorota Platz

ul. Gerzena

Maneschnaja Platz

Novaja Pl.

ul. Iljinka

ul. Varvarka

New Arbat Avenue

Arbatskaja Platz

*Arbat*

Gogolevskiy Blvd

Znamenka Street

ulica Volhonka

ulica Ostoženka

Sejmonovskij proezd

ulica Ostoženka

Smolenskij bul'var

Prechistenskaya Embankment

ulica Serafimovica

ulica Bol'šaja Poljanka

Kremlin Embankment

*Moskva*

Krymskaja nab

*Yakimanka*

Krymskij val ul.

Dobryninskaja Platz

Dobryninskaja ul.

STEPMAP © Stepmap ·123map · Daten: OpenStreetMap · ODbL

**❶** Kreml
**❷** Roter Platz
**❸** Lenin-Mausoleum
**❹** Basiliuskathedrale
**❺** GUM (bekanntestes Kaufhaus Russlands)
**❻** Arbat (einzige Fußgängerzone Moskaus)
**❼** Christi-Erlöser-Kathedrale
**❽** Tretjakow-Galerie
**❾** Bolschoj-Theater

Trotz allem hat die Stadt weiterhin große soziale Probleme. Trotz Rentenerhöhung um 5,8 % in 2017 liegt die durchschnittliche Rente bei lediglich etwa 220 €/Monat. Allein 2,5 Mio. Rentner würden ohne Unterstützung an oder sogar unter der Armutsgrenze leben. Die Stadt gewährt mit Zuschlägen und sozialen Beihilfen eine achtbare materielle Unterstützung für Rentner und Einkommensschwache. Derzeit wird ein Fünftel der Mittel aus dem Haushalt der Stadt für die soziale Sicherung der Bevölkerung ausgegeben.

*Rentner sind oft die Verlierer der Wende*

Trotz allem gehören noch immer Rentner zum Stadtbild, die für ihren Lebensunterhalt Gemüse, Obst und Blumen verkaufen oder gar betteln.

Die russisch-orthodoxe Kirche erfährt seit der garantierten Religionsfreiheit (1990) gewaltigen Zulauf und Renaissance. Es sind wieder junge Menschen und ganze Familien in den Kirchen anzutreffen. Anerkennenswert sind die Bemühungen der russisch-orthodoxen Kirche, die aus Staatsbesitz zurückgegebenen Sakralbauten zu restaurieren und ihrer eigentlichen Bestimmung zuzuführen.

Mit drei internationalen und einem nationalen Großflughäfen, neun Kopfbahnhöfen, der Metro mit einem leistungsfähigen Streckennetz von ca. 260 km, drei Binnenhäfen und drei Autobahnringen, in die 13 Fernverkehrsstraßen münden, ist

Moskau wichtigster Verkehrsknoten Russlands. Wegen der zunehmenden Staus sind weitere Ring- und Entlastungsstraßen geplant. 2011 hat der Bau eines vierten Autobahnringes mit einer Länge von 520 km und bis zu acht Spuren begonnen.

Am 15.11.1933 fuhr der erste Oberleitungsbus in der Hauptstadt; heute verfügt Moskau über das längste Oberleitungsbusnetz der Welt. Moskau hat keinen Hauptbahnhof, aber neun wichtige Bahnhöfe, die alle durch eine ringförmige Metro-Linie miteinander verbunden sind. Hier laufen alle Hauptlinien des europäischen Teils von Russland zusammen. Ein umfangreiches Kanalsystem verschafft der Schifffahrt Zugang zu fünf Meeren.

Touristisch ist die Stadt bestens erschlossen. Es gibt zahlreiche Nobelherbergen, jedoch fehlt es noch immer an ausreichend Hotels der mittleren Preiskategorie. Touristen können an die 80 Museen besuchen. Die **Tretjakow-Galerie** und das **Puschkin-Museum** sind weltbekannt. Ebenso das **Bolschoj-Theater** (Großes Theater) und das Konservatorium.

🛈     Intourist LLC, 119334 Moskau, Donskoj Projesd 15 ☎ 495/956 42 07,
          🖥 www.intourist.com, 🕘 Mo-Fr 9:30-17:30

# Der Kreml

Der Kreml ist nicht nur das „Allerheiligste der Russen", „das Machtzentrum" oder „Herz und Seele Russlands", es ist auch ein kulturelles Highlight und bedeutsamstes Bau- und Geschichtsdenkmal der Stadt. Die „Stadtfestung" befindet sich auf einer 28 ha großen Fläche und ähnelt im Grundriss einem unregelmäßigen Viereck.

Der Kreml, im 12. Jahrhundert als Befestigungsanlage gebaut, ist zugleich der älteste Teil Moskaus. Von der Zarenburg, über den Verwaltungssitz der Sowjetunion bis zur Residenz des Präsidenten, symbolisierte der Kreml über die Jahrhunderte die Macht Russlands. Paläste und Kathedralen, das Regierungsgebäude, ein gigantischer Sitzungssaal, die größte Kanone und die schwerste Glocke der Welt sind von ca. 19 m hohen und bis zu 6 m dicken Mauern aus rotem Backstein umgeben. Ihre Länge beträgt 2.235 m und die Mauern sind reichlich mit 20 bis 70 m hohen Türmen und Toren bestückt. Mauern und Türme wurden im 15. Jahrhundert errichtet. Archäologische Grabungen wiesen eine vorgeschichtliche Besiedlung des Burgberges von Moskau nach. Über eine eventuelle Befestigungsanlage gibt es keine Hinweise. So gilt die 1156 von **Juri Dolgoruki**, dem Großfürsten von Kiew, befohlene Befestigung als die erste.

*Kreml-Mauer bei Nacht*

Bereits im 13. Jahrhundert befand sich um den Kreml ein hölzerner Wehr-zaun. Symbol für Macht und Größe Moskaus war die stetige Erweiterung der Wehrbefestigung. Im Laufe der Jahrhunderte wurde der Kreml mehrfach zerstört, so 1571 durch die Krimtataren, 1610 durch die Polen und 1812 während des Russlandfeldzuges durch Napoleon. Man baute ihn wieder auf und so ist er noch heute, neben dem „Weißen Haus", die politische Machtzentrale und Sitz des rus-sischen Präsidenten Putin.

Der Eingang zum Kreml befindet sich im Alexander-Garten. Größere Taschen und Rucksäcke müssen abgegeben werden. Es gibt eine Sicherheitskontrolle. Der Kreml ist Anziehungspunkt für Touristen aus aller Welt. Es muss daher mit langen Warteschlangen gerechnet werden. Am besten ist es, die Besichtigung gleich am Morgen zu beginnen. Eine Schnellvisite dauert etwa zwei bis drei Stunden. Wer sich für alle Kirchen und Museen interessiert, sollte einen ganzen Tag einplanen.

Bisher gibt es auf dem Kremlgelände weder Restaurants, Cafés noch Imbiss-stände. Das sollte verpflegungstechnisch berücksichtigt werden. Der Eintritt auf das Kremlgelände ist vergleichsweise günstig.

◆ **Lage:** Zentrum, **Metro:** Biblioteka imeni Lenina, Borowitskaja, Arbatskaja, Alexandrowsij Sad, Eingang: Kutafja Turm, 🕐 Mo bis Mi und Fr bis So von 10:00 bis 18:00 (Kasse 9:00 bis 17:00), ☎ 495/203 03 49, Eintrittspreise für Ausländer: Rubel 350 (nur Gelände, Rüstkammer oder Ausstellungen im Patriarchenpalast kosten zusätzlich je Rubel 700). Eintrittskarten können auch online gekauft werden (🖥 www.kreml.ru)

Gebäude auf dem Kremlgelände:

▷ Dreifaltigkeitsturm (das Tor benutzten schon die Patriarchen mit ihren Familien; heute ist dort der Eingang für die Touristen)

▷ Kongresspalast (wurde von 1960-1961 gebaut und ist das einzige moderne Gebäude im Kreml, ein sachlicher und zugleich festlicher Bau, dessen großer Saal ein Fassungsvermögen von 6.000 Personen hat, statt politischer Veranstaltungen finden heute Opern, Rockkonzerte und Aufführungen des Kreml-Balletts und Bolschoj-Theaters statt)

▷ Patriarchenpalast (17. Jahrhundert; ehemals Palast des Patriarchen Nikon, ist heute Museum für Volkskunst, präsentiert werden mehr als 1.000 Ausstellungsstücke, die aus der Rüstkammer und aus unter Stalin geplünderten Kirchen und Klöstern stammen)

▷ Glockenturm „Iwan der Große" (der „Große" heißt der von 1505-1508 erbaute elegante Turm wegen seiner Höhe von 81 m; damit war er über Jahrhunderte nicht nur das höchste Gebäude des Kremls, sondern ganz Moskaus)

▷ Zarenglocke (sie ist mit 200 t die größte der Welt; ihr Original fiel 1701 bei einem Brand vom Turm, wobei sie zerbrach; die Einzelteile verschmolz man zu einer zweiten Glocke, die 1737 erneut einem Feuer zum Opfer fiel; ein großes Stück brach heraus, als kaltes Löschwasser die heiße Glocke traf)

▷ Zarenkanone (stammt aus dem Jahr 1586, ist 40 t schwer und 5,50 m lang; sie ist zwar die größte Kanone der Welt, hat aber nie auch nur einen Schuss abgegeben)

▷ Mariä-Entschlafens-Kathedrale (1479; seit dem 15. Jahrhundert wichtigste Kirche Moskaus, Krönungsort der Zaren, letzte Ruhestätte für Patriarchen der orthodoxen Kirche; italienische Architekten lieferten elegante Entwürfe im Geist der Renaissance)

▷ Erzengel-Kathedrale (1509; jüngste Kirche im Kreml; am sehenswertesten ist der weiße Steinsarkophag Dimitrijs; Iwan der Schreckliche hatte seinen

*Die Zarenkanone hat nie einen Schuss abgegeben, im Hintergrund die Mariä-Entschlafens-Kathedrale*

jüngsten Sohn in einem Wutanfall erschlagen; er selbst ist hinter der Iko-
nenwand bestattet)

▷ Facettenpalast (wurde von 1487-1491 nach Entwürfen zweier italieni-
scher Architekten gebaut; ist für Touristen gesperrt)

▷ Mariä-Verkündigungs-Kathedrale (1489; ausschließlich von russischen
Architekten entworfen; im Inneren reich an Fresken und mit einer Ikonen-
wand der größten russischen Ikonenmaler)

▷ Kirche zur Gewandlegung der Muttergottes (1489; schlichte Kirche,
deren Name von einem byzantinischen Feiertag stammt; die spitz zulau-
fenden Bögen der Fassade erinnern an den Querschnitt einer Zwiebel)

▷ Terempalast (17. Jahrhundert; benannt nach dem rot-weiß bedachten
Pavillon des Hauptgebäudes; Zar Michail Romanow bewohnte im zweiten
Stock fünf luxuriöse Zimmer)

▷ Großer Kremlpalast (war bis zur Oktoberrevolution Zarenresidenz; nach
1917 vereinte man zwei der Säle zu einem großen Sitzungssaal für den
Obersten Sowjet; in dem 700 Räume umfassenden Gebäude finden
Staatsempfänge statt)

▷ Präsidium (früher Ausbildungsstätte für Offiziere, später Hauptquartier des Präsidiums des Obersten Sowjets)

▷ Arsenal (1737; früher Lager für Waffen und Munition, heute Station des Kreml-Wachschutzes; Aneinanderreihung von 750 Kanonen, darunter auch Beutestücke flüchtender Truppen Napoleons)

▷ Senat (1787; heute offizieller Sitz Präsident Putins, 1919-1991 Tagungsort des sowjetischen Ministerrates; **Lenin** lebte von 1918-1922 mit seiner Familie im Obergeschoss; sein Arbeitszimmer und die Wohnung sind wie zu seinen Lebzeiten erhalten geblieben; im zweiten Weltkrieg Hauptkommando der Roten Armee)

▷ Rüstkammer (enthält ein einzigartiges Museum mit Sammlungen alter Waffen und Kriegstrophäen, der größten Sammlung von Zarengewändern, Insignien, Thronsesseln, Kutschen und anderen seltenen Meisterstücken des russischen und ausländischen Kunsthandwerks, Schätze, die russische Zaren und Fürsten über viele Jahrhunderte gesammelt haben; ist bereits seit 1844 auf Wunsch von Zar Nikolaus I. ein Museum)

An der Kremlmauer befindet sich im Alexander-Garten das Grabmal des Unbekannten Soldaten. Das Ehrenmal wurde 1967 für die Gefallenen des Zweiten Weltkrieges errichtet.

*Ewige Flamme am Grab des Unbekannten Soldaten*

# Roter Platz

Der Rote Platz ist der zentrale Platz im Herzen Moskaus. Seine Fläche beträgt ca. 500 x 150 m. Die Bezeichnung ist nicht politisch bestimmt und bezieht sich auch nicht auf die Farbe der Kremlmauern und -türme, deren Anstrich bis zum 19. Jh. weiß war. Das Wort „Krasnaja" kam im 17. Jh. aus dem Altslawischen, was sowohl „schön" als auch „rot" bedeutet. Die uns geläufige Bezeichnung „Roter Platz" anstatt „Schöner Platz", setzte sich erst im letzten Jahrhundert durch.

Vor der Oktoberrevolution 1917 fanden auf dem Roten Platz religiöse Feiern, Märkte, aber auch öffentliche Hinrichtungen statt. **Peter der Erste** soll sogar selbst das Beil geschwungen haben. Der Rote Platz, und das ist nur wenig bekannt, war 120 Jahre lang auch Platz der Wissenschaft. Die 1755 gegründete erste Moskauer Universität nahm hier den Lehrbetrieb auf. Seit 1871 befindet sich in dem dunkelroten Backsteingebäude das Historische Museum. Die sozialistische UdSSR veranstaltete auf dem bekannten Platz jährlich am 17. November Militärparaden und am 1. Mai Demonstrationen der Arbeiter und Bauern. Für Russen ist der Rote Platz Symbol für die Geschicke des Landes; sie kommen aus allen Teilen des Landes, um einmal über das berühmte Pflaster zu gehen. Selbst Rauchen war zu Sowjetzeiten auf dem geschichtsträchtigen Platz verboten. Für Aufsehen und Aufregung sorgte mitten im „kalten Krieg" die, von der sowjetischen Luftabwehr unentdeckte, Landung einer kleinen Cessna mit dem deutschen Piloten Matthias Rust im Jahr 1988. Die bunten Zwiebeltürme der Basiliuskathedrale an der Südostseite des Platzes sind das Wahrzeichen der Stadt.

Südwestlich grenzt der Rote Platz an die Kreml-Mauer. Davor befindet sich das Leninmausoleum. Zu sozialistischen Zeiten besuchten Millionen Sowjetbürger die aus rotbraunem Granit erbaute Pilgerstätte. Heute interessieren sich weniger Menschen für den aufgebahrten Leichnam **Lenins**. Auch finden keine großen Wachablösungen mehr statt; nur die Polizei behält Gebäude und Platz im Auge.

Hinter dem Mausoleum, an der Kreml-Mauer, liegt der Prominentenfriedhof. In der Hauptsache sind dort Staatsmänner wie Stalin und Breschnew beigesetzt. Auch findet man hinter Grabplatten die Urnen bedeutender Sowjetbürger und ausländischer Kommunisten, wie z. B. der Frau Lenins (Nadeschda Krupskaja), der deutschen Frauenrechtlerin Clara Zetkin und des ersten Mannes im Weltall **Juri Gagarin**. Etwas zurückversetzt befindet sich das Auferstehungstor. Im Nordwesten wird der Platz durch das Historische Museum begrenzt. Einen großen Teil der Nordostfront nimmt das **GUM**, das größte Kaufhaus Moskaus, ein.

Auf dem Roten Platz steht ferner ein Denkmal für Kusma Minin, ein Führer der Volkswehr von Nischni Nowgorod und Fürst Dimitri Posharski, beide Helden des Befreiungskrieges gegen die polnisch-weißrussische Intervention zu Beginn des 17. Jh.

Ein Besuch des Roten Platzes ist für jeden Moskaubesucher ein Muss. Er ist das Herzstück der Hauptstadt; zu Fuß und dicht gedrängt sind viele Sehenswürdigkeiten erreichbar.

♦    **Lage:** Zentrum, **Metro:** Ploschtschad Rewoljutsi

## Lenin-Mausoleum

Das jüngste Bauwerk auf dem Roten Platz ist das Lenin-Mausoleum, in dem der 1924 verstorbene Lenin ruht. Nachdem dieser zunächst in einem provisorischen Mausoleum aus Holz beigesetzt wurde, entstand 1930 das heutige, aus feinem Labradorstein und dunkelrotem Granit bestehende Gebäude. Obwohl Lenin vor seinem Tod verfügt hatte, dass er keinen Personenkult wünsche,

*Leninmausoleum*

inszenierte Stalin sein Begräbnis als pompösen Staatsakt. Auch setzte sich Stalin gegen die Familie Lenins durch, die sich vehement gegen eine Einbalsamierung Lenins wehrte.

Das Mausoleum galt lange Zeit als Allerheiligstes der Sowjetunion. Der in einem beleuchteten Kristallsarg liegende Lenin, einer der Väter des Kommunismus, konnte bestaunt werden.

Jahrzehntelang stand bei Militärparaden die Parteispitze auf der Tribüne des Mausoleums. Nach dem Tod Stalins im Jahre 1953 lag auch dieser einige Jahre neben Lenin im Mausoleum. Der tote Diktator wurde jedoch von Chruschtschow im Zuge der Entstalinisierung aus dem Mausoleum verbannt.

Unter Boris Jelzin wurde die Ehrenwache 1993 abgezogen. Heute bewacht sie das Ewige Feuer am Grabe des Unbekannten Soldaten im Alexandergarten.

Erst 1989 wurde bekannt, dass sich ein ganzes Team von Wissenschaftlern um die Leiche Lenins gekümmert hat. Immer wieder gab es in Russland Gerüchte, die Leiche Lenins löse sich buchstäblich auf: Noch bis in die 40er Jahre war man sich sicher, den Körper optimal einbalsamiert zu haben, musste jedoch 1942 bei der Evakuierung des Sarges im Zweiten Weltkrieg mit Schrecken feststellen, dass dem nicht so war. Auf Befehl Stalins und unter größten Anstrengungen von zahlreichen Wissenschaftlern gelang es, den Körper wieder herzustellen. Noch heute kontrollieren zwei Mal wöchentlich zwölf Wissenschaftler den Körper Lenins. Ein Gerücht hielt sich weiter hartnäckig: Im Mausoleum liege gar nicht der Körper Lenins, sondern der eines Doppelgängers. Ursprünglich war Lenin mit einem militärischen Uniformrock bekleidet; noch vor dem Zweiten Weltkrieg bekam er Zivilkleidung. Bis heute erhält er etwa alle drei Jahre einen neuen Anzug und eine neue Krawatte.

Die Kosten des Mausoleums von etwa 1,5 Millionen US-Dollar pro Jahr werden seit 1991 von einem privaten Fonds gedeckt. Es gibt seit längerem Überlegungen Lenin zusammen mit seiner Frau im Familiengrab in St. Petersburg zur letzten Ruhe zu betten.

♦       **Lage:** Zentrum/Roter Platz, **Metro:** Plotschad Rewoljutsi, 🗓 Di bis Do und Sa 10:00 bis 13:00, Eintritt: frei

☺       Das Fotografieren und auch die Mitnahme von Kameras, Handys und Computer sind untersagt. Gegen eine kleine Gebühr müssen sie zur Aufbewahrung abgegeben werden.

*Basiliuskathedrale bei Nacht*

# Basiliuskathedrale

An der Stelle der Basiliuskathedrale befand sich für nur drei Jahre, von 1552-1555 die hölzerne Kirche der Heiligen Dreifaltigkeit zu Ehren des Sieges des russischen Heeres über die Tataren. Die heutige Basiliuskathedrale wurde im Auftrag von Iwan dem Schrecklichen errichtet und 1561 fertig gestellt. Einer Legende nach wurde der Architekt nach Abschluss des Baus vom Zaren gefragt, ob er jemals wieder eine solch schöne Kathedrale bauen könne. Als dieser angab, eine noch viel schönere bauen zu können, ließ der Zar ihm die Augen ausstechen, um dies zu verhindern.

Die neun Hauptkuppeln der Kathedrale unterscheiden sich in Aussehen und Farbe voneinander. Im Gegensatz zu vielen anderen russischen Kirchen besteht die Kathedrale nur aus einfachem rotem Backstein und ist von außen nicht bemalt. Ihre außerordentliche Schönheit rührt allein aus dem Kontrast der roten Backsteine und dem schlichten weißen Putz.

Die von außen asymmetrisch wirkende Kathedrale hat einen regelmäßigen achtzackigen Stern als Grundriss. In der Mitte des Innenraumes befindet sich ein Gebetsraum, der von einer goldenen Kuppel gekrönt wird. An jede der acht Ecken schließt sich wiederum eine kleinere Kapelle an, die durch eine farbige Kuppel gekrönt wird. Die Kapellen waren für bestimmte Mitglieder der Zarenfamilie gedacht.

◆    **Lage:** Roter Platz, **Metro:** Kitai-Gorod oder Teatralnaja, tägl. 10:00 bis 18:00, Fr und Sa 10:00 bis 21:00 (Kasse schließt eine halbe Stunde vorher), Eintritt: RUB 400, 🖳 www.saintbasil.ru, 🗗 ☎ 495/692 40 19

# GUM

Hinter diesen drei Buchstaben verbirgt sich das bekannteste Kaufhaus Russlands. Früher stand GUM für „Staatliches Universalkaufhaus", heute hat man es in Hauptkaufhaus umbenannt. Es gehört zu den größten der Welt und wurde von 1888-1893 im Auftrag des Zaren, anstelle der ehemaligen Handelsreihen, im neorussischen Stil erbaut.

**neorussischer Stil** = neoklassizistische Form mit starkem russisch-traditionalistischem Einfluss

*GUM*

Das ausgesprochen schöne Gebäude befindet sich am Roten Platz gegenüber dem Kreml auf Höhe des Lenin-Mausoleums. Unter einem Glasdach werden auf drei Etagen, von denen zwei zu Verkaufszwecken genutzt werden, etwa 200 Luxusläden mit einer Verkaufsfläche von rund 30.000 m² vereint; die Gesamtfläche des GUM beträgt 69.000 m². Käuferzielgruppe der Geschäfte sind vorwiegend zahlungskräftige Kunden und Touristen. Zwar gleicht das üppige Warenangebot inzwischen den Konsumtempeln der westlichen Welt, das Ambiente ist aber immer noch einzigartig. Der Riesenbau mit den Außenmaßen von 250 x 88 m besteht im Inneren aus lichtdurchfluteten Galerien in drei Hauptgängen, über die verschnörkelte Brücken führen. Kronleuchter, schmiedeeiserne Geländer, Stuck und Spiegelwände prägen das innere Erscheinungsbild. Etwas schade ist, dass Wind und Flair vergangener Zeiten nicht mehr durch die Passage wehen. Vor der Glasnost und Perestroika besuchten täglich tausende Menschen aus allen Republiken der Sowjetunion das GUM. Der Charme ist leider verloren gegangen. Aufgrund der hohen Mieten richtet sich das heutige Angebot hauptsächlich an den solventen Kunden. Bei den Läden im Erdgeschoss handelt es sich meist um teure Boutiquen und Geschäfte für hochpreisige Markenkleidung, Schmuck und Schuhe.

Anfang der 90er Jahre des letzten Jahrhunderts wurde das GUM in eine Aktiengesellschaft umgewandelt. Diese besitzt bis 2042 die Pachtrechte im Kaufhaus und unter dem Namen GUM Warenhäuser in ganz Russland.

◆   **Lage:** Zentrum/Krasnaja Ploschtschad (Roter Platz), **Metro:** Ploschtschad Rewoljutsi, ⏱ täglich 10:00 bis 22:00, ☎ 495/788 43 43, FAX 495/777 75 65, ✉ info@gum.ru, 🖥 www.gum.ru

# Twerskaja-Straße

Sie ist die Hauptstraße Moskaus und hier beginnt der Weg nach Twer und weiter nach St. Petersburg. Hier fuhr in **Puschkins** Roman „Eugen Onegin" die Hauptfigur Tatjana Larina in die Stadt ein.

Die Entstehung der Straße geht ins 15. Jh. zurück. Im 17. Jh. wurde sie als erste Straße der Hauptstadt gepflastert, im 18. Jh. entwickelte sie sich zu einer bevorzugten Wohngegend und im 19. Jh. entstanden repräsentative Geschäftshäuser. In den 30er und 40er Jahren des letzten Jahrhunderts wurde die Straße von 15 auf 40 m verbreitert und erhielt sechs Fahrspuren. Dem Ausbau mussten Kirchen und Wohnhäuser weichen. Die geradlinig ansteigende Prachtstraße ist etwa 7 km lang und heute ein Sammelort luxuriöser Hotels, Bars, Restaurants und

Einzelhandelsgeschäfte. Hier kann man das Einkaufsverhalten der Moskowiter beobachten und etwas vom Flair vergangener Zeiten erahnen.

Interessante Punkte der Twerskaja-Straße sind: das Jermolowa-Theater, das Künstlertheater, das Sawwins-Gehöft, das Reiterdenkmal für Juri Dolgorukin, den Gründer Moskaus, mit dem alten Stadtwappen in der linken Hand, das Moskauer Rathaus aus dem Jahr 1782, das Zentrale Revolutionsmuseum, der Weißrussische Bahnhof, der Puschkinplatz samt einem riesigen Kino mit 2.000 Plätzen, das berühmte Delikatessengeschäft „Jelissejew" und verschiedene Hotels.

Leider ist die Straße nicht verkehrsfrei und so braucht man schon viel Fantasie, um sich vorzustellen, wie hier zu früheren Zeiten Kutschen entlangfuhren.

♦ **Lage:** Nordwestliche Innenstadt, **Metro:** Twerskaja, Majakowskaja, Ochotny Rjad, Geschäfte 🛒 tägl. von 10:00 bis 22:00

# Arbat

Der zur Fußgängerzone umgewandelte Arbat ist die einzige Fußgängerzone Moskaus. Sie spiegelt die Wende zum Neuen wider. Es reihen sich Geschäfte, kleine Cafés und Restaurants aneinander, das Publikum ist bunt gemischt: Touristen, betuchte Moskowiter, Straßenmusikanten, Künstler und fliegende Händler. Der Arbat lädt zum Flanieren, Einkaufen und Verweilen ein. Es gibt viele Souvenirgeschäfte und Künstler portraitieren Passanten. Der Arbat ist wahrscheinlich die beliebteste Flanier-Meile Moskaus. In dieser Fußgängerzone ist immer viel los: Zuerst mutet der Arbat sehr touristisch an, doch vor allem Moskowiter selbst lieben diesen Ort. Der Arbat ist nicht einfach eine Straße, sondern eine Legende; jedes Haus hat eine eigene Geschichte.

Erstmalig wurde der Arbat 1493 in den Chroniken erwähnt. Der Name stammt möglicherweise aus dem Arabischen und bedeutet so viel wie „Außenbezirk". Nachweislich hieß zu dieser Zeit das gesamte Gebiet zwischen Kreml und modernem Gartenring „Arbat". Im 16. Jahrhundert wohnten hier Handwerker. Noch heute heißen die Straßen rund um den Arbat Zimmermann-, Silber- oder Geldmacher-Gasse.

Ende des 18. Jahrhunderts machten die Adligen den Arbat zu einem modischen Viertel. Es ließen sich mehr und mehr Künstler, darunter bekannte Dichter und Musiker, nieder.

Der selbst in der russischen Literatur mehrfach erwähnte Stadtteil war auch im 19. Jahrhundert beliebtes Wohnviertel für Adlige und Großbürgertum. Das Haus Nr. 53 ist seit 1986 ein Puschkin-Gedenkmuseum. Leider ist die Einrichtung aus

*Auf dem Arbat*

der Puschkin-Zeit nicht erhalten geblieben. Im Jahre 1831 verbrachte der große russische Dichter dort seine Flitterwochen mit Gattin Natalja. Später wohnte hier eine Cousine des russischen Komponisten Tschaikowsky.

**Puschkin**, Alexander (1799-1837) gilt als Schöpfer der russischen Literatursprache. Seine Werke sind geprägt von tiefen Empfindungen und Humanitätsgedanken. Bekannte Werke sind: „Der Gefangene im Kaukasus", „Eugen Onegin" und „Boris Godunow".

Von 1811 bis 1817 absolvierte Puschkin das Lyzeum, die bekannteste Eliteschule des Zarenreiches. Aus dieser Zeit stammen Freundschaften mit späteren Protagonisten des Dekabristenaufstandes. 1820 musste Puschkin wegen politischer Gedichte Petersburg verlassen und bis 1826 ins Exil gehen. Danach war sein Schaffen der Zensur des Zaren unterstellt. Um die Ehre seiner Frau, deren sagenhafte Schönheit auch vom Zaren bewundert wurde, wiederherzustellen, duellierte sich Puschkin am 27. Januar 1837 und starb zwei Tage später an seinen Verletzungen. Heute sind Straßen, Museen und Plätze nach ihm benannt.

Am Ende des Arbat liegt der Smolensker Platz mit dem Außenministerium. Dieses Gebäude wurde das erste der sieben Stalin-Hochhäuser im „Zuckerbäckerstil". Die sogenannten „sieben Schwestern" ließ Stalin als Symbol für Macht und Wirtschaftswachstum errichten.

*Walk of Fame auf dem Arbat*

Der Arbat verlor seit den 60er Jahren des letzten Jahrhunderts als Hauptgeschäftsstraße immer mehr an Bedeutung. Die Gebäude verfielen und das Viertel verlor den Glanz früherer Zeiten. Seit 1987, nach umfangreicher Restaurierung, zeigen sich die Villen und Bürgerhäuser des Arbat wieder mit pastellfarbenen, stuckreichen Fassaden, die nach alten Plänen und Zeichnungen hergerichtet wurden. Die Fußgängerzone bekam Straßenlaternen, viele kleine Läden und Cafés. Neu ist der russische „Walk of Fame". Dort werden jedoch nicht nur ausgewählte Künstler und Politiker mit einer eigenen Platte in der Sternenallee des Arbat geehrt, sondern auch alle, die sich den Spaß leisten können. Heute ist der Arbat wieder eine der lebendigsten Straße der Hauptstadt. Wer Moskau intensiver spüren und besser verstehen möchte, sollte sich Zeit zum Innehalten nehmen und aufmerksam durch den Arbat bummeln. Am frühen Abend ist die Atmosphäre am intensivsten. Sonderlich gut shoppen kann man hier nicht; auch Souvenirs kann man woanders günstiger kaufen.

◆    **Lage:** Westlich des Kreml, **Metro:** Arbatskaja, Geschäfte 🔲 Mo bis Sa von 10:00 bis 20:00

# Metro

Moskau verfügt durch die Metro über ein leistungsfähiges System von Untergrundlinien. Mit dem Bau wurde 1932 begonnen und der erste Streckenabschnitt im Mai 1935 eröffnet. 2015 feierte sie ihr 80. Jubiläum. Die Moskauer Metro ist nicht nur das effektivste Verkehrsmittel der Stadt, sie ist auch eine der größten und saubersten Untergrundbahnen der Welt. Die Züge verkehren in der Rushhour alle 90 Sekunden. Ihre Durchschnittsgeschwindigkeit beträgt 41 km/h. Zu normalen Verkehrszeiten fahren die Züge alle 2 bis 3 Min. Im Schnitt werden 68 Personen pro Waggon befördert. Dafür arbeiten 33.700 Angestellte der Metro; 50 % Frauen und 50 % Männer! Sie betreuen 12 Linien, 317 km Schienen und fahren insgesamt 4.319 Waggons. Obwohl es keine Papierkörbe oder Abfallbehälter gibt, liegt nicht ein Schnipsel am Boden. Die Metro ist raucherfrei und es darf kein Alkohol getrunken werden.

*Prunkvolle Metrostation*

Schon Anfang des letzten Jahrhunderts, angesichts verstopfter Moskauer Straßen, tauchte erstmals die Idee des Baus der Metro auf. Wegen massiver Proteste von Droschkenkutschern, die Angst um ihre Arbeitsplätze hatten, und dem Einspruch orthodoxer Geistlicher, die der Meinung waren, dass nur Tote unter die Erde gehören, wurde der Gedanke vorerst verworfen. Fast 30 Jahre mussten vergehen, das Verkehrsproblem hatte sich stetig weiter verschärft, bis

Stalin doch die Metro als sozialistisches Vorzeigeobjekt bauen ließ. Die Stationen sollten „Paläste für die Werktätigen" werden und so verschlang das Projekt immense Kosten. Auch der Verlust von Menschenleben war zu beklagen. Während des zweiten Weltkrieges nutzte man viele U-Bahn-Stationen als Schutzräume vor deutschen Bombenangriffen sowie als Lazarette und Kommandozentralen. Später wurden sie teilweise zu atombombensicheren Schutzräumen umgebaut. Im Verteidigungsfall können fast alle Stationen als Bunker verwendet werden. Zugänge und Streckentunnel werden dann durch das Schließen entsprechender Schotts hermetisch abgedichtet.

Heute verfügt die Moskauer Metro über 203 Stationen und befördert täglich bis 8 Mio. Passagiere. Das entspricht 47 % des gesamten Moskauer Personenverkehrs. Wenn sich in der Rushhour alles in die Waggons drängt, stehen bis zu 6,4 Menschen auf 1 m². Viele Stationen sind unterirdische Meisterwerke der Architektur, gebaut aus Marmor und Granit, verziert mit Mosaiken, Bronzestatuen, Fresken und Skulpturen, erhellt von Kronleuchtern. Damit ist die Moskauer Metro noch immer die schönste U-Bahn der Welt.

Die Fahrt mit der Metro ist für Touristen meist ein beeindruckendes Erlebnis. Die Züge verkehren im 90-Sekunden-Takt; man gelangt preiswert, zuverlässig, pünktlich und schnell zu allen wichtigen Punkten der Stadt. Einzelfahrt mit dem Universalticket: RUB 55, 2 Fahrten RUB 110, 20 Fahrten RUB 747, Smart-Karte (24 Std.) RUB 218 (Stand: 2018). Das Universalticket kann auch für alle anderen Verkehrsmittel wie Bus, Trolleybus und Tram genutzt werden; lohnt sich aber nur, wenn man viel mit der Metro fährt. Am günstigsten ist das Bezahlen mit einer Troika-Karte und dem Tarif „Portemonnaie". Damit kostet eine Fahrt RUB 36. Für die Troika-Karte, eine elektronische, kontaktlose Smartkarte, müssen RUB 50 Pfand hinterlegt werden, die bei Rückgabe zurückerstattet werden.

Besonders schöne Stationen sind beispielsweise: Majakowskaja, Komsomolskaja, Kiewskaja, Nowostoboskaja und Ploschtschad Rewoljutzi. Über endlos lang erscheinende Rolltreppen gelangt man zu den Bahnsteigen. Hierbei gilt folgende Regel: Auf der Rolltreppe stellt man sich immer rechts und lässt links Platz für die Eiligen, die zusätzlich laufen wollen.

Fahrkarten gibt es an allen Stationen. Man kann umsteigen, sooft man will, alles zum selben Preis. Das Streckensystem der Metro ist übersichtlich aufgebaut. Jeder Linie ist eine Farbe zugeordnet. Ein Umsteigen auf jede andere Linie ist möglich und auf dem Streckenplan markiert.

Trotz vieler Gänge kann man sich gut orientieren. Die Metro verkehrt zwischen 5:30 und 1:00. Aber, wie in allen Großstädten: Vorsicht vor Taschendieben! Auf allen Stationen gibt es rot-blaue Notruf-/Info-Säulen mit zwei Knöpfen, Überwachungskameras und Alarmvorrichtungen.

## Christ-Erlöser-Kathedrale

Die Christ-Erlöser-Kathedrale ist der größte russisch-orthodoxe Kirchenbau der Welt. Er befindet sich westlich des Kremls am Ufer der Moskwa. Die erste Christ-Erlöser-Kathedrale wurde von 1860-1883 aus Anlass des Sieges Russlands über Napoleon gebaut. Am 20. August 1882 wurde **Tschaikowskis** Ouvertüre 1812 mit großem Erfolg uraufgeführt. Am 5.12.1931 wurde das Kirchenbauwerk mit Einverständnis Stalins gesprengt, um auf dem Grundstück ein Hochhaus entstehen zu lassen. Die Fundamente erwiesen sich als nicht tragfähig und so wurde eine Badeanstalt gebaut!

1990 wurde der Wiederaufbau der Kathedrale beschlossen. Am 19.08.2000 konnte die Kirche wieder geöffnet werden. Der größte Teil der etwa 200 Mio. US-Dollar Baukosten kamen durch Spenden von Gläubigen zusammen.

◆ **Lage:** Uliza Wolchonka 15, **Metro:** Kropotinskaja, 🚪 tägl. von 10:00 bis 17:00, montags ab 13:00

*Die Christ-Erlöser-Kathedrale*

## Tretjakow-Galerie

Sie ist das größte Museum russischer nationaler Kunst und wurde 1902 erbaut. Es werden mehr als 100.000 Gemälde, Grafiken und Skulpturen vom 11. bis zum 20. Jh. gezeigt. Gründer war der russische Kaufmann Pawel Michajlowitsch Tretjakow (1832-1898), der ihr auch seinen Namen gab. Er galt als leidenschaftlicher Sammler und begann ab 1856 Werke zeitgenössischer russischer Maler zu erwerben. 1892 umfasste seine Sammlung, zu der auch Ikonen gehörten, etwa 2.000 Werke. Er schenkte seine Sammlung der Stadt Moskau noch im selben Jahr. Von da an wurde die Galerie von der Stadtduma geleitet, zu deren Mitgliedern russische Künstler wie Ilja Ostruchow gehörten.

Nach der Oktoberrevolution bekam die Tretjakow-Galerie Nationalstatus und es fanden regelmäßig Wechselausstellungen statt. Von 1892-1930 wurden Sammlungen anderer Museen in die Tretjakow-Galerie überführt und so musste sie Mitte der 30er-Jahre erweitert werden.

*Die Tretjakow-Galerie*

Auch von 1980-1994 wurde das Museum weiter um- und ausgebaut, um es für die Besuchermassen attraktiver zu machen. Seit 1995 gibt es auch eine Abteilung für Moderne Kunst.

♦ **Lage:** Lawruschinskij Pereulok 10, **Metro:** Poljanka, Tretjakowskaja, ⬚ Di, Mi und So von 10:00 bis 18:00 (Kasse bis 17:00), Do, Fr und Sa 10:00 bis 21:00 (Kasse bis 20:00), ☎ 495/230 77 88, 495/238 13 78, 495/951 13 62,
✆ tretyakov@tretyakov.ru, Eintritt: Rubel 400, 🖳 www.tretyakovgallery.ru

## Bolschoj-Theater

Das „Große Theater" ist das bekannteste der Stadt und zugleich ein Symbol russischer Kultur. Es besteht seit 1776. Fürst Peter Urussow erhielt vom Zaren das

Alleinrecht, in Moskau Schau- und Singspiele aufzuführen. Seine ersten Schauspieler waren die Leibeigenen des Fürsten. Während die ersten Aufführungen noch im Privathaus des Fürsten stattfanden, entstand 1780 das Theater am jetzigen Standort. Anfangs wurden hauptsächlich Opern, Dramen und Ballette russischer Künstler aufgeführt. Seit 1773 ist es Heimat des ältesten, besten und weltberühmten Bolschoj-Balletts.

Im Jahr 1805 brannte das Theater ab und wurde erst 20 Jahre später wiederaufgebaut. 1825 wurde das neue Bolschoj-Theater mit dem Prolog „Der Triumph der Musen" wiedereröffnet. 1853 zerstörte ein Brand erneut die Inneneinrichtung des Theaters und es wurde daraufhin noch kostbarer ausgestattet. Bis heute ist diese Einrichtung bis auf kleinere Veränderungen erhalten geblieben. Das Bolschoj-Theater gehört heute zu den schönsten Theatern der Welt.

Die 900 fest angestellten Schauspieler, Tänzer, Sänger und Musiker sind allerdings selten anzutreffen. Meist sind sie auf Tournee in aller Welt unterwegs. Der Besuch des Bolschoj-Theaters gehörte früher für jeden Moskautouristen zum Pflichtprogramm. Heute ist es fast unmöglich kurzfristig bezahlbare Eintrittskarten zu bekommen. Vor dem Eingang verkaufen „Händler" Karten zu exorbitanten Preisen! Wer sich rechtzeitig kümmert, kann sich über die Homepage des Theaters Karten bestellen. Der Kartenvorverkauf beginnt drei Monate vor der jeweiligen Aufführung. Führungen durch das historische Gebäude gibt es Mo, Mi und Fr, je eine in Russisch (11:10, RUB 500) und eine in Englisch (11:15, RUB 1.300).

Wegen einer, durch Baufälligkeit notwendig gewordenen, grundlegenden Renovierung war das Bolschoj-Theater von Mitte 2005 bis Ende Oktober 2011 geschlossen. Die Arbeiten sollten Anfang 2008 fertiggestellt sein, doch die „Baufälligkeit" erwies sich als aufwendiger als gedacht, so dass sich die Neueröffnung auf Herbst 2011 verschob. Nach sechsjähriger Renovierung wurde das Bolschoj-Theater am 28.10.2011 mit einer pompösen Gala wiedereröffnet. Die Renovierungskosten sollen umgerechnet etwa 570 Millionen Euro verschlungen haben.

Während der Bauzeit ging die erste „Garnitur" des Bolschoj-Theaters auf ausgedehnte Gastspiele. Ab Ende 2002 gab es eine Ersatzbühne. Dort wurde ein Teil des Repertoires während der Umbauzeit weiter aufgeführt.

◆    **Lage:** Teatralnaja Ploschtschad 1, **Metro:** Teatralnaja, Ochotnyi Rjad, ☎ 495/ 455 55 55 (Theaterkasse), ✉ sales@bolshoi.ru 🖳 www.bolshoi.ru, 🕐 11:00-19:00

Tipp: Auf keinen Fall den dritten Gong verpassen. Wer zu spät kommt, muss den nächsten Akt, selbst wenn er die besten Plätze hat, im obersten Rang verbringen.

# Moskau-Kanal (früher Moskau-Wolga-Kanal)

Die Vision den Moskwa-Fluss mit der Wolga zu verbinden gab es schon in der petrinischen Epoche.

**Petrinische Epoche** = Epoche zu Zeiten Peter des Großen, die geprägt ist von der Befreiung Russlands von der Überlagerung durch die abendländische Kultur.

Jedoch mangelte es stets an Geld und Zeit. Peter der Große wollte einen Schifffahrtsweg von der Ostsee über die Wolga und Moskwa in die Zentralregionen Russlands bauen lassen, um die Entwicklung des Handels zu fördern.

Peter der I., auch **Peter der Große** genannt, geboren 1672 in Moskau und gestorben 1725 in St. Petersburg, war Zar und bedeutender Reformer Russlands. Er bemühte sich sehr um die Modernisierung Russlands nach westlichem Vorbild. 1703 gründete er St. Petersburg, die spätere Hauptstadt.

Im 18. Jahrhundert konnte eine solche Vision jedoch noch nicht verwirklicht werden und wurde daher verworfen. Zar Nikolaus I. ging endlich an die Verwirklichung dieses Bauprojekts und mit Hilfe von Soldaten und Häftlingen entstand tatsächlich ein Kanal, der allerdings zu schmal und zu seicht war um ihn mit schweren Lastkähnen zu befahren. Daher war es nur folgerichtig, dass der Kanal durch den Bau der Eisenbahnlinie von Moskau nach St. Petersburg schnell wieder an Bedeutung verlor.

**Zar Nikolaus I.** (1796-1855) war Zar von Russland und letzter gekrönter König von Polen. 1826 lehnte er die Abschaffung der Leibeigenschaft strikt ab. Er betrieb die Russifizierung verschiedener Nationalitäten und die systematische Bekehrung zur orthodoxen Kirche.

Als im 20. Jahrhundert die Wasserversorgung Moskaus den Erfordernissen der Hauptstadt nicht mehr entsprach, kamen Fachleute auf den alten Plan zurück.

Stalin und seine Helfer wollten sich mit einem grandiosen Bauwerk, ähnlich den ägyptischen Pharaonen, verewigen und sich schon zu Lebzeiten mit dem Moskau-Kanal ein Denkmal errichten. So begann 1932 der Bau des **Moskau-Kanals**, der bereits 1937 fertig gestellt war. In dieser kurzen Zeit wurden unter anderem 8 Wasserkraftwerke, 5 Pumpwerke, 9 Schleusen, 11 Staudämme, 19 Brücken und 2 Tunnel gebaut. Der Kanal ist 85 m breit und mit einer Tiefe von 5,50 m für Schiffe bis 18.000 t befahrbar. Die Fahrt durch den Kanal dauert ca. 10 Stunden. Alle Schleusen sind Einkammer-Schleusen, haben eine Breite von 30 m und eine Länge von 290 m. Die Schiffe müssen vom Niveau Moskaus um insgesamt 49 m gesenkt werden. Die Architektur des gewaltigen Kanalkomplexes zeichnet sich durch seine hydrotechnische Vollkommenheit aus. Die Wände der Steuertürme zieren Gedenktafeln, Embleme der Sowjetunion und Hochreliefs. Der Kanal beginnt nahe der Stadt Dubna, am linken Ufer der Wolga und endet im Moskauer Stadtgebiet südlich des nördlichen Flusshafens. Er vereinigt sich unterhalb der Schleuse acht mit dem Moskwa-Fluss.

Die Kosten für Arbeitskräfte waren extrem niedrig, da der Kanal hauptsächlich von Gulag-Häftlingen gebaut wurde. Diese mussten unter unmenschlichen Bedingungen arbeiten. Mehr als 1 Mio. Häftlinge trieb man zum Kanalbau zusammen. Um den Kanal wurde mit Stacheldraht ein Sperrbezirk von 100 km Breite errichtet, hinter dem die Gefangenen des Archipels Gulag sklavengleich arbeiten mussten.

**Gulag** (Abkürzung für: Hauptverwaltung der sowjetischen Zwangsarbeitslager) war eine Behörde in der UdSSR, die auf Stalins Forderung nach einer effizienteren Nutzung der Arbeitskraft von Häftlingen 1929 gegründet wurde. Bereits nach der Oktoberrevolution gab es erste Gefängnisse mit Arbeitspflicht hauptsächlich für politische Gegner. Neuesten Forschungen zufolge lag die Gesamtzahl der Menschen, die in der stalinistischen Zeit in solchen „Besserungsarbeitslagern" gefangen gehalten wurden, bei 18 bis 20 Millionen. Hunderttausende Gulag-Häftlinge starben unter den unmenschlichen Lebensbedingungen.

Der Bau des Kanals ist zugleich Höhepunkt des stalinistischen Terrors gegen das eigene Volk. Mit großer Propaganda wurde dieses Unternehmen in der Öffentlichkeit verherrlicht. Junge Männer und Frauen wurden zur Tarnung als freiwillige „Stoßtrupps" an die Arbeitsfront geschickt. Sie wurden in den Blickpunkt der öffentlichen Aufmerksamkeit gerückt, um die dahintersteckende grausame, menschenverachtende Maschinerie zu verdecken.

Nach dem Weißmeer-Ostsee-Kanal (227 km) und dem Suezkanal (161 km) ist der Moskau-Kanal mit einer Länge von 128 km der drittlängste Kanal der Welt. Anlässlich der 800-Jahr-Feier Moskaus und seines zehnjährigen Jubiläums wurde der Kanal 1947 nach der Hauptstadt Russlands benannt. Durch ihn kann Moskau größtenteils mit in Aufbereitungsanlagen gereinigtem Wolgawasser versorgt werden. Dass die Stadt Moskau im Wasserverbrauch derzeit einen Spitzenplatz auf der Welt belegt, unterstreicht die enorme Bedeutung des Kanals. Neben der Versorgung der Hauptstadt mit Wasser, ist der Kanal auch zusätzlicher Wasserlieferant für den Moskwa-Fluss. Die Schifffahrtsbedingungen verbesserten sich wesentlich; es entstanden neue Anlegestellen und kleine Häfen wie Dimitrow, Chimki oder der Nordhafen Moskaus. Die Stadt wurde zum „Hafen der fünf Meere", erhielt Verbindungen zur Ostsee, zum Asowschen, Schwarzen, Kaspischen und Weißen Meer. Der Transport von Erdöl, Lebensmitteln, Industriewaren und Baumaterial konnte optimiert werden.

# Obere Wolga

Die Wolga ist mit ca. 3.600 km der längste Fluss Europas. Sie entspringt in den Waldaihöhen nahe dem Dorf Wolgowerchowje und mündet ins Kaspische Meer. Als Wasserstraße verbindet sie den Norden und Westen Europas mit dem Kaspischen Meer und mit Zentralasien. Die Wolga schützte die christliche Zivilisation als natürliche Grenze vor den aus dem Osten heranrückenden Völkern. So wie Wodka das Getränk der Russen ist, so ist die Wolga der Fluss Russlands. Der Strom ist Mythos und „Seele Russlands" zugleich. In zahllosen Liedern wird „Mütterchen Wolga" besungen und in Gedichten beschrieben. Sie wird als Lebensader idealisiert, aber auch als zügellos und unbeherrschbar nicht unterschätzt. Das Einzugsgebiet der Wolga umfasst ca. 150.000 Flüsse, Bäche und Wasserläufe. Sie hat 200 Zuflüsse, von denen 71 schiffbar sind. Im November friert der Fluss für etwa 8 Monate zu. Mit seinen kleinen und großen Nebenflüssen nimmt das Wolgagebiet eine Fläche von ca. 1.400.000 km$^2$ ein, was einer Fläche von Deutschland, Italien, Frankreich und Großbritannien entspricht.

Entlang der Wolga lassen sich Geschichte und Gegenwart Russlands erleben. Neben stillgelegten Industriegebieten stehen alte Klöster und unweit des Geburtsortes Lenins, Uljanowsk, befinden sich Siedlungen, die Deutsche gründeten, die auf Einladung Katharina II. nach Russland kamen.

*Passagierschiff auf der Wolga*

**Wladímir Iljítsch Uljánow** (genannt **Lenin**) geb. am 22. April 1870 in Simbirsk, heute Uljanowsk, gestorben 21. Januar 1924 in Gorki bei Moskau war der führende Kopf der Oktoberrevolution 1917 in Russland. Er war Vorsitzender des Rates der Volkskommissare, sowie Autor zahlreicher theoretischer und philosophischer Schriften. Die aus diesen Schriften entwickelte Lehre zementierten seine Nachfolger als Marxismus-Leninismus zur Staats- und Parteilehre des Kommunismus.

Für die Russen war die Wolga wichtiger Verkehrsweg um fremde Gebiete bis nach Zentralasien zu erobern. Seit Urzeiten siedelten Menschen an den Ufern des Flusses. Die fruchtbare Gegend um das Mündungsgebiet gilt als Wiege der indogermanischen Völker, darunter die Kelten, die sich nach Europa ausbreiteten. Durch den Transport von Holz, Erz und Pelzen gelangten die Siedler zu Wohlstand und es entstanden Kirchen, Klöster und Städte. Noch heute führt die russisch-orthodoxe Kirche ihre Wurzeln auf die Wolga zurück.

### An die Wolga

*Dich grüß' ich, Wolga,*
*märchenreiche, der Kinderheimat meinen Gruß!*
*Ich grüße jedes Fleckchen Erde,*
*das du durcheilst mit leichtem Fuß.*
*Was der Waldai, des Nordens Wälder,*
*was der Ural mit düstrem Sinn vertraute deinen blauen Wellen,*
*das trägst du nach dem Süden hin.*
*So sammelst du in allen Gauen*
*Geheimnisse in Süd und Nord*
*und trägst mit leichtem Wellenschlage sie murmelnd,*
*plätschernd weiter fort.*
*Und wenn ich so am stillen Abend*
*dem leisen Wellenschlag gelauscht,*
*dann tönt geheimnisvolles Raunen,*
*das mit der Flut vorüberrauscht.*
*Ich höre Stimmen fremder Völker,*
*viel fremde Laute, fremden Ton:*
*Baschkiren, Finnen und Tataren,*
*den deutschen Kolonistensohn.*
*Du bist der Zeuge ihrer Sorgen,*
*du teilst mit ihnen Freud und Leid,*
*was sie gehofft, was sie errungen,*
*bewahrest du für alle Zeit.*
*Drum ziehe hin, du Mutter Wolga*
*und bringe allen meinen Gruß,*
*ich grüße jedes Fleckchen Erde,*
*das du durcheilst mit leichtem Fuß.*

*August von Neu*

Der Flusslauf gliedert sich in drei Abschnitte: die obere, mittlere und untere Wolga. Schon immer ist die Wolga für ihren Reichtum an Fisch bekannt. Neben Rotauge, Zander, Hecht und Hering ist besonders der Stör zu nennen, dessen Laich den berühmten russischen Kaviar liefert. 90 % der Weltproduktion an Kaviar kommt nach wie vor von der Wolga, obwohl der Störfang um die Hälfte zurückgegangen ist. Seiner inneren Uhr gehorchend zieht der Stör jährlich vom Kaspischen Meer zu den angestammten Laichplätzen stromaufwärts. Die in den letzten Jahrzehnten errichteten Stauseen und Kraftwerke mit bis zu 10 m dicken Mauern stellen für den Störbestand lebensbedrohliche Barrieren dar. Mit eigens konstruierten Spezialfahrstühlen, an denen Fischkörbe befestigt sind, soll es den Fischen ermöglicht werden zu den Laichplätzen stromaufwärts zu gelangen.

In den letzten ca. 100 Jahren gab es zahlreiche Wasserbaumaßnahmen an der Wolga. Sie dienten dem Zweck den Energiebedarf der Industrie zu decken, über ausgebaute Schifffahrtswege zu verfügen und den Anforderungen der Landwirtschaft gerecht zu werden. Ein Strom im eigentlichen Sinn des Wortes ist die Wolga nicht mehr, vielmehr eine Aneinanderkettung kleiner Meere. Die Strömung kam beinahe zum Stillstand, nachdem nach dem Zweiten Weltkrieg gigantische Staustufen für riesengroße Kraftwerke ca. 4 Mio. Hektar fruchtbares Land überfluteten. Wälder, Wiesen und Dörfer wurden unter den Wassermassen begraben. Die im Einzugsgebiet der Wolga lebenden ca. 60 Mio. Menschen erzeugten zu Sowjetzeiten ein Viertel der Industrie- und Agrarproduktion des Landes. Automobil- und Flugzeugwerke wurden an der Wolga errichtet. Die moderne Flusslandschaft der Wolga hat heute nicht mehr viel mit dem romantischen Bild und der Verklärung des Flusses und den Menschen an seinen Ufern gemeinsam. Durch die Einleitung von Abwässern ist das ökologische Gleichgewicht der Wolga bedroht. Eine immer stärkere ökologische Bewegung der Städte an der Wolga verzeichnet aber bereits erste Erfolge.

Neben dem Transport von Gütern wird die Wolga für die Passagierschifffahrt genutzt. Die „Weiße Flotte" wurde im 20. Jahrhundert ausgebaut und betreibt heute allein auf der mittleren Wolga mehr als 200 Schiffe. Auch für Schwerlastschiffe ist die Wolga mit einer durchschnittlichen Fahrtiefe von 5 m befahrbar. Dieses Niveau kann jedoch nur durch zahlreiche Stauwerke gehalten werden.

Zur Regulierung des Pegelstandes, Vermeidung von Hochwasser und Bewässerung großer Trockengebiete an Mittel- und Unterlauf wurden ab 1950 große Stauanlagen gebaut. Somit ist die Wolga die wichtigste Binnenschifffahrtsstraße Russlands. Durch eine große Zahl von Kanälen erweitern sich die Transportwege noch.

Obwohl der Mythos von der Wolga längst dem modernen Industriezeitalter gewichen ist, sind die Sagen, Legenden und Lieder, die sich um den Fluss ranken, bis heute erhalten geblieben. Selbst Jules Verne verglich die Wolga mit einem riesigen Baum, dessen Zweige in alle Richtungen des Russischen Reiches gelangen.

*Wolgaschleuse bei Uglitsch*

# Uglitscher Stausee

Der Uglitscher Stausee ist 143 km lang und 5 km breit. Er ist Teil der Wolga-Kama-Kaskade und befindet sich (Luftlinie) ca. 150 km nordöstlich von Moskau. Seine Fläche beträgt 249 km² und sein Stauvolumen umfasst 1,20 Mrd. m³ Wasser.

Die **Wolga-Kama-Kaskade** besteht aus Wasserkraftwerken/Stauseen an der Wolga und ihrem größten Nebenfluss der Kama. Zur Kaskade gehören 12 Anlagen mit einer Gesamtleistung von 12 Gigawatt.

Die gesamte Anlage wurde von **Gulag**-Häftlingen errichtet. Selbst die Bauleitung setzte sich aus Strafgefangenen zusammen. Der bis 1940 errichtete Erdschüttdamm ist 314 m lang, 27 m hoch und 25 m breit. 1,54 Mio. m³ Erde wurden aufgeschüttet und eine Kerndichtung aus Stahlspundwänden eingebaut. Zur Hochwasserentlastung wurde ein 179 m langes Wehr integriert.

Die unterhalb des Wehres befindlichen Ufer wurden mit bis zu 4 m dicken Betonwänden befestigt. Der Höhenunterschied wird mit einer 290 m langen und 30 m breiten Einkammerschleuse überwunden. Schiffe können somit problemlos flussauf- oder -abwärtsfahren. Insgesamt wurden von 1935 bis 1940 eine Wasserkraftanlage mit zwei Turbinen, ein Druckkraftwehr und die Schleuse mit einem Höhenunterschied von 13 m gebaut. Durch die Flutung des Uglitscher Stausees wurden viele Dörfer und Kulturdenkmäler vernichtet. Bekanntestes Symbol ist der aus dem Wasser ragende, 70 m hohe Kirchturm von **Kaljasin**. Ebenso in den Fluten verschwunden ist eine bedeutende Klosteranlage aus dem 15. Jahrhundert.

Der Uglitscher Stausee war die zweite Anlage, die an der Wolga in Betrieb genommen wurde. Sie war notwendig geworden, um den Bereich der Oberen Wolga bis zu den Meeren schiffbar zu machen. Da man jedoch keinen übermäßig großen Verkehr erwartete, wurde nur eine Einkammerschleuse gebaut.

Der Uglitscher Stausee versorgt seine Umgebung mit Wasser und ist zugleich ein großes Fischfanggebiet.

# Kaljasin

Am rechten Ufer der Wolga liegt Kaljasin. Die Siedlung ist seit dem 12. Jahrhundert bekannt. An ihrer Stelle wurde später eine Stadt errichtet; detaillierte Aufzeichnungen stammen aus dem 15. Jahrhundert. Auf dem Lande eines Kaljaga wurde 1473 das Kaljasinskij-Dreifaltigkeits-Kloster gegründet. Bei einem seiner vielen Besuche schenkte **Iwan der Schreckliche** der Kirche eine Bibel, die noch heute im Kloster von Kaljasin zu sehen ist. 1630 entstand eine Festung und Ende des 17. Jahrhunderts führte der junge **Peter der Große** als eine Art Truppenübung Feldzüge nach Kaljasin durch. 1775 wurde unter Katharina II. das Stadtrecht verliehen und Kaljasin bekam ein eigenes Wappen.

Bis zur Oktoberrevolution 1917 waren die handgearbeiteten Kaljasiner Spitzen in ganz Russland bekannt. Ein Großteil der Stadt wurde 1940 mit dem Bau des Uglitscher Stausees geflutet. Auf einer Strecke von 50 km stromaufwärts stieg der Wasserstand um ganze 12 m. Den Fluten zum Opfer fiel auch das Dreifaltigkeitskloster. Es blieben lediglich Gebäude wie Holz- und Steinhäuser aus dem 18. und 19. Jahrhundert und die 1787 gegründete Christi-Himmelfahrt-Kirche auf den Hügeln der Stadt erhalten. Zwar wuchsen auf den Anhöhen neue Viertel, aber die Stadt hat heute nur noch knappe 15.000 Einwohner, die hauptsächlich Filzstiefel und Leinenerzeugnisse produzieren.

Dem Schiffsreisenden bietet sich ein einzigartiger Anblick: Aus den Tiefen der **Wolga**, in der Nähe der neuen Stadt, ragt einsam und allein, traurig und verlassen der zur Hälfte im Wasser stehende Kaljasiner Glockenturm aus den Fluten. Er ist

Teil der 1800 errichteten St.-Nikolaus-Kathedrale, die früher auf dem belebten Platz einer idyllischen Kleinstadt stand. Straßen mit kleinen zweistöckigen Wohnhäusern, umgeben von im Sommer blühenden Gärten, führten zu einem Markt. In der Kaljasiner Siedlung herrschte reges Leben, die Bewohner bewirtschafteten ihre Gemüsegärten, betrieben Gewerbe und fertigten Filzstiefel.

*Glockenturm von Kaljasin im Uglitscher Stausee*

Die Stadt war reich und in der zweiten Hälfte des 19. Jahrhunderts beheimatete sie eine Weberei, Betriebe zur Verarbeitung von Agrarprodukten, eine Werft und auch das Schmiedehandwerk entwickelte sich prächtig. Die Männer verdingten sich als Flößer, die Frauen klöppelten und häkelten Spitzen, beschäftigten sich mit Weben und Spinnen. Es konnte Handel betrieben werden und man lud jährlich mehr als eine Million Pud Weizen, Roggen, Mehl, Stärke und Salz ab.

**Pud** ist eine alte russische Gewichtseinheit, 1 Pud = 16,38 kg

# Uglitsch

200 km nördlich von Moskau und etwa 70 km oberhalb des Rybinsker Stausees liegt die Stadt Uglitsch. Sie befindet sich am Oberlauf der Wolga, die hier durch mehrere Staustufen schiffbar gemacht wurde. Die heute ca. 320.000 Einwohner zählende Provinzstadt wurde erstmalig 937 erwähnt und ist eine der ältesten Städte Russlands. Sie ist wegen eines ebenso folgenschweren wie mysteriösen Todesfalls vor über 500 Jahren eng mit der russischen Geschichte verbunden. Zur Herkunft des Namens gibt es verschiedene Theorien: Die erste geht davon aus, dass er vom russischen Wort „ugol" für Winkel abgeleitet wurde, weil die Wolga bei Uglitsch eine scharfe Kurve macht; die zweite geht ebenso vom russischen Wort „ugol" aus, das

auch Kohle bedeutet, denn in Uglitsch verbrannte man früher Kohle. Die dritte
Theorie bezieht sich auf die früheren Bewohner der Siedlung. Sie hießen wahrscheinlich „Uglitschi" und waren ein finno-ugrischer Stamm.

Uglitsch gehörte zu den Städten des Goldenen Rings um Moskau.

Die Stadt stand im 13. Jahrhundert unter der Aufsicht des Fürstentums
Rostow-Susdal, war aber seit 1218 selbstständiges Fürstentum und nahm durch
seinen Wolgahafen einen raschen Aufschwung. Das Gebiet wurde 1326 von Iwan
Kalita dem Moskauer Fürstentum zugeordnet.

**Iwan I. Kalita** war von 1325-1341 Fürst von Moskau. Mit dem Sieg über seinen Rivalen Alexander von Twer stieg er 1328 unter der Herrschaft der Goldenen
Horde zum Großfürsten auf. Sein Beiname bedeutet „Geldsack".

Während der mongolischen Eroberungszüge im europäischen Teil Russlands
wurde die Stadt Uglitsch mehrfach von der Goldenen Horde belagert, verwüstet
und niedergebrannt.

Die Mongolen der **Goldenen Horde** beherrschten bis zum Ende des 15. Jh.
das heutige Südrussland. Sie führten ein neues Herrschafts- und Steuersystem
ein. Zwar gelang Dimitri Donskoj 1380 ein Sieg über die Goldene Horde, aber
erst 1480 konnte Iwan III. die mongolische Herrschaft durch Verweigerung wei-
terer Tributzahlungen an die Horde endgültig beenden.

Nach 1450 erlangte Uglitsch überregionale Bedeutung als Handelszentrum.
Den Höhepunkt seiner wirtschaftlichen Blüte erlangte die Stadt unter der Regierung des Fürsten Andrejs. Ein Kreml mit hölzernen Mauern schützte einen Han-
delsbasar. Das kleine Fürstentum prägte sogar eigene Münzen. 1491 fiel der
größte Teil des hölzernen Kremls den Flammen zum Opfer. 1552 bauten Zimmerleute im Wald von Uglitsch für Iwan den Schrecklichen eine mobile Festung.
Traurige geschichtliche Bekanntheit erlangte Uglitsch durch den geheimnisvollen
und bis heute ungeklärten Tod des Thronfolgers am 15. Mai 1591. Es wird ver-
mutet, dass der Regent Boris Godunow ihn ermorden ließ, um selbst Zar zu werden. Hintergrund war der Tod Iwans des Schrecklichen (1530-1584), der zwei
Söhne hinterließ. Der ältere der beiden, Fjodor Iwanowitsch, galt als schwachsin-
nig. Er wurde trotz dieses Makels mit Hilfe eines Regentschaftsrates zum Zaren
gekrönt.

Durch die Heirat mit Irina, der Schwester von Boris Godunow, und der Über-
tragung der Vormundschaft über Fjodor Iwanowitsch, kam Boris Godunow seinem Lebenstraum, Zar von Russland zu werden, sehr nah. Wäre da nicht noch
Dimitri, der jüngste Sohn Iwans des Schrecklichen, gewesen. Dieser war ein intel-
ligentes Kind und wuchs unter der Obhut seiner Mutter Maria Nagaja im Uglitscher Kreml auf. Boris Godunow ließ ihn ständig beobachten und unternahm
mehrere erfolglose Versuche ihn vergiften zu lassen. Im Mai 1591 verstarb er
plötzlich durch eine Schnittwunde am Hals. Nach offizieller Version soll der Junge
während eines Epilepsieanfalls in ein Messer gestürzt sein. Seine Mutter, die
Zarenwitwe Maria Nagaja, vermutete den Mörder unter den Gefolgsleuten Boris
Godunows und es kam zum Aufstand in Uglitsch. Die Bewohner des Kremls
erschlugen den Statthalter des Regenten und alle anderen in Uglitsch weilenden
Moskowiter.

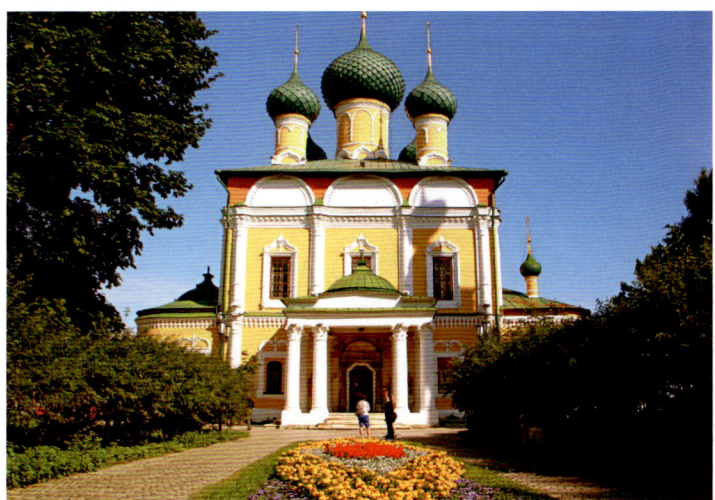

*Die Christi-Verklärungs-Kathedrale in Uglitsch*

Bis heute ist nicht geklärt, wer die Mörder gewesen sind. Nicht jeder traute
Godunow diese Tat zu, aber der Verdacht konnte im Volk nie ausgeräumt werden.
Die über Russland hereinbrechende Hungersnot wurde als göttliches Strafgericht
für den Prinzenmord gewertet. Selbst Alexander Puschkin bezichtigte Godunow

in seinem gleichnamigen Drama, das später von Mussorgski zur Oper vertont wurde, dieser Tat. 1606 wurde der Zarewitsch heiliggesprochen und seine Überreste nach Moskau in die Erzengel-Kathedrale überführt.

**Boris Godunow** (1551-1605) war Regent für den geistig zurückgebliebenen Fjodor I. und rief sich 1598 zum Zaren aus. Er versuchte eine neue Gesellschaftsordnung einzuführen, konnte dies jedoch durch seinen frühen Tod 1605 nicht verwirklichen. Sein Ableben verstärkte die Wirren innerhalb des Russischen Reiches.

*Die Dimitri-Blut-Kirche*

Bei einer Stadtführung kann noch heute die Stelle besichtigt werden, an der der Zarensohn ums Leben kam. Zu seinem Gedenken wurde die Dimitri-Blut-Kirche errichtet. Sie zeigt Fresken mit Motiven der Geschichte des Zarensohnes und die Glocke des Uglitscher Aufstandes ertönt mit ihrem hellen Klang.

1611 wurde Uglitsch von den Polen erobert, zerstört und ausgeplündert. Insgesamt wurden 40.000 Menschen bestialisch ermordet; darunter die Bewohner von zehn Männer- und zwei Frauenklöstern. Von diesem Schicksalsschlag erholte sich die Stadt nur langsam.

Erst unter Katharina II. stand das Leben im 19. Jahrhundert wieder im Zeichen friedlicher Arbeit, Entwicklung und provinzieller Betriebsamkeit. Das kulturhistorische Museum, eine Bibliothek und ein Theater öffneten ihre Pforten.

**Katharina II.**, genannt Katharina die Große (geb. 1729 in Stettin als deutsche Prinzessin Sophie-Auguste Frederike von Anhalt-Zerbst-Dornburg, gest. 1796 in Zarskoje Selo), war von 1762 bis zu ihrem Tode Zarin von Russland.

Nach der Oktoberrevolution 1917 kam es zu drastischen Veränderungen in der Stadt. Im Zuge der Errichtung der Uglitscher Wasserkraftanlage in der zweiten Hälfte der 30er Jahre wurden Baudenkmäler aus dem 15. bis 17. Jahrhundert gesprengt und überschwemmt. Wo einst das Kloster stand, befindet sich heute der gigantische Baukomplex des Wasserkraftwerkes.

Seit 1952 gibt es in Uglitsch eine Restauratorengruppe, welche die weitere Vernichtung von Baudenkmälern verhindert. Es wurden genaue Umrisse des unter

*Ausfahrt aus Uglitsch*

Denkmalschutz stehenden historischen Stadtzentrums festgelegt. Ein Teil des Fürstenpalastes (15. Jahrhundert), die Maria-Entschlafenskirche und das Ensemble des Christi-Auferstehungs-Klosters (17. Jahrhundert) sind erhalten geblieben.

Touristen sollten sich eine Einladung zur Verkostung ins Wodka-Museum nicht entgehen lassen. Das Museum ist stolz auf über 1.000 Wodka-Sorten aus knapp 100 Wodka-Brennereien. Uglitsch ist auch der Geburtsort von Pjotr A. Smirnow (1831-1898), des Urvaters der Wodkamarke „Smirnow". In Uglitsch gibt es ein Maschinenreparaturwerk, einige Lebensmittelbetriebe, darunter eine bekannte Käserei, und eine Uhrenfabrik. Die Stadtverwaltung versucht Uglitsch in eine Art „russische Schweiz" zu verwandeln. Sehenswert ist auch das kulturhistorische Museum.

# Kostroma

Die Stadt Kostroma liegt am Zusammenfluss der Wolga und des Flusses Kostroma und befindet sich 372 km nordöstlich von Moskau. Sie ist ein Wahrzeichen Russlands und gehört zum **Goldenen Ring**. Die Stadt zählt ca. 277.000 Einwohner, von denen etwa 10.000 Studenten sind. Kostroma wurde 1152 vom russischen Fürsten Dolgoruki gegründet. Da er auch Moskau gegründet hat, gelten beide als Schwesterstädte. Kostroma ist nur fünf Jahre jünger als die Hauptstadt. Noch heute verleihen dekorative Verzierungen an den Häusern, feine Holzschnitzereien, schmiedeeiserne Balkonumzäunungen, Öfen und Kamine der Stadt Einzigartigkeit und Atmosphäre.

**Juri Dolgoruki** (1090-1157) war Fürst von Rostow. Unter seiner Herrschaft lief sein Fürstentum dem Kiewer den Rang des bedeutendsten ab. Auf seine Initiative hin entstanden viele durch die Romanik angeregte Kirchenbauten und Befestigungsanlagen. Dolgoruki gilt auch als Gründer Moskaus.

Bis zum 16. Jahrhundert war die Stadt hauptsächlich Verteidigungspunkt an der russischen Grenze; seit dem 17. Jahrhundert entwickelte sie sich zu einem großen Handels- und Industriezentrum. Kostroma wurde sehr individuell gebaut. Der historische Stadtkern liegt am linken Flussufer, die Gebäude stehen fächerartig und die Straßen sind in Halbringform angeordnet.

Zu den bedeutendsten Sehenswürdigkeiten der Stadt zählen die von 1789-1793 erbauten historischen Handelsreihen, lange Gebäude mit Innenhof, in denen Kaufleute ihre Waren anboten und das berühmte Ipatejw-Kloster am

Zusammenfluss von Kostroma und **Wolga**. Das Kloster wurde 1332 von einem Ahnen **Boris Godunows**, einem tatarischen Würdenträger, der zum christlichen Glauben übergetreten war, gegründet. Noch heute sind auf dem Klostergelände Gräber von Angehörigen seiner Familie zu finden. Während Godunows Regierungszeit (1598-1605) wurde es zum reichsten Kloster Russlands. **Iwan der Schreckliche** ließ das Kloster mit Steinmauern und Türmen befestigen. Über 12.000 Leibeigene arbeiteten in der Blütezeit für das Kloster.

Im Kloster hielt sich **Michael Romanow** mit seiner Mutter, der Nonne Marfa, auf, als er 1613 die Nachricht erhielt, dass er zum Zaren gewählt worden war. Am 4. März 1613 kam eine Menschenmenge ins Kloster und bat den jungen Romanow flehend, den Thron zu besteigen. Dieser bat um den Segen seiner Mutter und willigte ein. Es war der Beginn der Romanow-Dynastie, die bis zur Oktoberrevolution 1917 anhielt. Die Zeit der Wirren ging mit der Krönung Michail Romanow zu Ende und es kehrten wieder Ruhe und Ordnung in Russland ein. Jeder neue Monarch besuchte danach bei seiner Thronbesteigung das Ipatjew-Kloster.

Die Wandmalerei des Architektur-Ensembles Ipatjew-Kloster gilt als eine der wertvollsten Kunstdenkmäler. Beeindruckend ist eine goldene Holzikonenwand, in der 80 alte Ikonen aufgestellt wurden. Auf dem Klostergelände stehen die Dreieinigkeitskathedrale mit ihren fünf Kuppeln, der reich verzierte Bischofspalast (1588), die Dekangemächer (16. Jahrhundert), der fünfgeschossige Glockenturm, das Refektorium (gemeinsamer Speisesaal der Mönche) und die Mönchszellen.

Die **Ikone** ist das Kultbild der orthodoxen Kirche. Ikonen sind kirchlich geweihte Bilder; sie sollen Ehrfurcht erwecken und eine existenzielle Verbindung zwischen dem Betrachter und dem Dargestellten schaffen und damit auch indirekt zwischen dem Betrachter und Gott. Ikonen sind Mittler zwischen Diesseits und Jenseits und ihnen wird Wunderwirkung zugeschrieben. Sie sind in der orthodoxen Kirche weder Kunstgegenstände noch Dekoration. Älteste erhaltene Ikonen stammen aus dem 6. Jh.

Wichtigste Technik ist im 6. Jh. die Enkaustik, seit dem 7. Jh. die Temperamalerei auf Holz, ferner Mosaiksetzerei, Schnitzerei in Holz und Elfenbein. Ikonen wurden häufig mit verzierten Silberblechen beschlagen und dadurch geschützt. Motive der Ikonenmalerei sind besonders Christusbilder und Heiligenporträts.

Das Stadtzentrum ist klassizistisch und eines der wenigen erhaltenen, rein klassizistischen, Ensembles auf der Welt. Die ganze Altstadt ist ansonsten eine

Ansammlung fast aller Architekturrichtungen. Weiteres Wahrzeichen und Meisterwerk der Baukunst ist die Christi-Auferstehungs-Kathedrale im Walde. Sie beweist den enormen Reichtum an Zierformen im russischen Kirchenbau des 17. Jahrhunderts.

Seit Mitte des 18. Jahrhunderts ist Kostroma für seine Leinenherstellung bekannt, man nannte sie auch „Flachshauptstadt des Nordens". Neben Maschinenbau macht die Textilindustrie noch heute die Hälfte der industriellen Produktion der Stadt aus.

1826 wurde der 35 m hohe Feuerwehrwachturm, der noch heute benutzt wird, fertig gestellt. Von nun an wurden er und das Gebäude des Arresthauses zur Visitenkarte der Stadt. 1958 eröffnete ein Freilichtmuseum auf dem Gelände des alten Ipatjew-Klosters am Rande der Stadt. Aus entlegenen Dörfern des Kostromaer Gebietes wurden seltene Holzbaukunstdenkmäler aus dem 16.-18. Jahrhundert zusammengetragen. Darunter eine hölzerne Kirche, die ohne einen einzigen Nagel gebaut wurde, Windmühlen, Badehäuser und eigentümliche Kirchen. Im Erzpriesterhaus wartet eine interessante Ausstellung über das Leben des letzten Zaren Nikolaus II. und seine Familie auf Gäste.

2012 hatte Kostroma 860-jähriges Stadtjubiläum. Die Stadt ist beliebte Kulisse für historische Filme, weil die Innenstadt ohne größere Veränderungen erhalten geblieben ist. Bei einem Großbrand im Jahr 1773 wurde der Stadtkern zwar weitgehend zerstört, Zarin **Katharina die Große** ließ ihn 25 Jahre später aber in seiner typischen Fächerform wiederaufbauen. Eines der auffälligsten Gebäude ist der Gostini Dwor/(Kaufhof).

Von Kriegszerstörungen blieb die Stadt weitgehend verschont. Heute gibt es in Kostroma drei Hochschulen, ein Forschungsinstitut, eine der ältesten Ostrowski-Bühnen, ein Puppentheater und Ausstellungshallen. Die Stadt ist ein wichtiges wissenschaftliches und kulturelles Zentrum an der Oberen Wolga.

Alexander Nikolajewitsch **Ostrowski** (1823-1886) war ein russischer Dramatiker. Ab 1853 leitete er das Moskauer Staatstheater.

# Jaroslawl

Nur 280 km von Moskau und 75 km von Rybinsk entfernt liegt die älteste und zugleich größte Stadt an der Wolga. Einst war Jaroslawl eines der wichtigsten Handels- und Kulturzentren Russlands. Herrliche Kirchen und Klöster sowie noch heute gut erhaltene Bürgerhäuser aus der Zarenzeit sind Zeugen des Glanzes der Vergangenheit. Die heute um die 608.000 (2017) Einwohner zählende Stadt liegt an der Mündung des Flusses Kotorosl in die Wolga und breitet sich ca. 30 km an beiden Ufern der Wolga aus. Jaroslawl ist wichtiger Verkehrsknotenpunkt und liegt an der Strecke der Transsibirischen Eisenbahn, die man von Moskau nach Wladiwostok oder nach Peking befahren kann.

Die Geschichte Jaroslawls beginnt mit der slawischen Ansiedlung Bärenwinkel (Medweshij ugol), die im 9. und 10. Jahrhundert an dieser Stelle lag. Eine Legende besagt, dass deren Gründer, der Großfürst Jaroslaw der Weiße, an dieser Stelle im Zweikampf einen mächtigen Bären bezwang. Noch heute zeigt das Stadtwappen einen auf zwei Beinen stehenden Bären, der in der linken Tatze eine Hellebarde hält. 1010 ließ Jaroslaw der Weiße an den Ufern der Wolga eine Festung errichten und legte damit den Grundstein für die Stadt Jaroslawl, die damit sogar 100 Jahre älter als Moskau ist. Später wurde Jaroslaw der Weiße Großfürst von Kiew und das „Goldene Zeitalter" der Kiewer Rus begann.

*Getrocknete Früchte auf dem Markt von Jaroslawl*

Die **Kiewer Rus** bezeichnet einen mittelalterlichen Vorläuferstaat der heutigen Staaten Russland, Ukraine und Weißrussland. Die nach ihrem Zentrum Kiew benannte Rus entstand im 9. Jahrhundert aus einer Vereinigung der Herrschaftsgebiete der Waräger in Osteuropa. Die Kiewer Rus erstreckte sich von den großen Handelsstädten Nowgorod und Alt-Ladoga im Norden bis zu den Neugründungen Murom und Jaroslawl im Osten. Das frühmittelalterliche Großreich wurde hauptsächlich von den aus Schweden kommenden Warägern oder Rus beherrscht. Sie stellten auch die Mehrheit der Adels-, Krieger- und Händlerschicht. Ihre Hauptkultur und -sprache war das Slawische. Zur ersten Jahrtausendwende entstand durch die Vereinigung von Slawen und Skandinaviern mit der byzantinischen Religion und Kultur das Volk der Russen. Die Kiewer Fürsten erreichten hohes Ansehen, heirateten in ganz Europa und schlossen damit dynastische Verbindungen.

Jaroslawl der Weiße (958-1054) ließ nach byzantinischem Vorbild im ganzen Reich viele Kirchen, Festungsanlagen, Klöster und Schreibschulen bauen, gründete die erste russische Bibliothek und reformierte die russische Gesetzgebung. Sie wurde als „Russkaja Prawda" erstmals auch schriftlich festgehalten.

Begünstigt durch die gute Lage an den Ufern von Wolga und Kotorosl war die Stadt bereits 1218 Zentrum des selbstständigen Jaroslawler Fürstentums. Die Entwicklung des Handels auf der Wolga förderte auch die Entwicklung der Stadt. Mit der Ansiedlung von Handwerkern und Händlern wurden die ersten Kirchen und Klöster gebaut. Im Laufe ihrer Geschichte wurde die Stadt mehrfach niedergebrannt und wiederaufgebaut. 1283 wurde Jaroslawl während der mongolisch-tatarischen Invasion geplündert und fast völlig zerstört. Im 14. Jahrhundert bauten sich Kaufleute und Adlige Villen im russisch-klassizistischen Stil. Unter Iwan III. wurde sie 1463 dem Großfürstentum Moskau einverleibt.

Zu Beginn des 17. Jahrhunderts war die Stadt, im Winkel zwischen Wolga und einmündender Kotorosl, nach Moskau zweitgrößte Stadt und wichtiger Handelsplatz auf dem Weg vom Weißen Meer zur Wolga und vom Mittleren Osten nach Westeuropa. Getreide, Fisch, Leinen und verschiedene andere Waren wurden auch außerhalb des Russischen Reiches, im östlichen und westlichen Ausland, gehandelt. Engländer unterhielten schon im 16. Jahrhundert ein Kaufhaus in Jaroslawl. 1612 besetzte Polen Russland und die Stadt wurde vorübergehend zur Hauptstadt. Da Moskau von den politischen Wirren schwer erschüttert wurde, konnte Jaroslawl zum Mittelpunkt wichtiger Handelswege und für eine Zeit auch zum lebendigsten Zentrum Russlands erblühen.

**Jaroslawl**
1:50.000

1 Passagierhafen
2 Erlöserkloster
3 Prophet-Elias Kirche
4 Handelshof
5 Kunstmuseum

0 m    600 m

Städtebaulich betrachtet ist das 17. Jahrhundert durch die Errichtung prächtiger Kirchen und weltlicher Bauten das „Goldene Zeitalter". Baumeister schufen z. B. die Prophet-Elias-Kirche und die Johannes-Chrysostomes-Kirche. Im Jahre 1658 fielen alle hölzernen Befestigungsanlagen und zahlreiche Kirchenbauten und Wohnhäuser einem Großbrand zum Opfer. 1897 gab es 77 Kirchen in der Stadt; heute sind es noch 18. Peter I. gab 1772 den Befehl Manufakturen zu errichten. Diese entwickelten sich beständig fort und zu Beginn des 20. Jahrhunderts gab es in Jaroslawl etwa 50 Großbetriebe. Sie produzierten Lacke und Farben, Lebensmittel und Schnittholz. Der alte Handelsplatz wurde bedeutender

*Prophet-Elias-Kirche*

Standort der Leder- und Textilindustrie. Später kam die Produktion der ersten russischen Lastwagen und Straßenbahnen dazu. Zu Sowjetzeiten kamen neue Industriezweige auf: chemische Industrie und Maschinenbau. Autoreifen aus Kautschuk wurden zum ersten Mal auf der Welt in Jaroslawl hergestellt. Um die feudale Vergangenheit der Stadt vergessen zu lassen, wurde Jaroslawl gezielt „sowjetisiert". Mit seinen riesigen Plattenbausiedlungen ist die Stadt eine typische Sowjetmetropole geworden. Um Arbeitsplätze zu schaffen siedelte man unterschiedliche Industriezweige an. Vor allem das Reifenkombinat und die große Erdölraffinerie sind aber aus Umweltsicht keine Leichtgewichte.

Nichtsdestotrotz hat die Stadt einen ganz besonderen Charme. Zahlreiche historische und kulturelle Denkmäler vergangener Jahrhunderte sind erhalten geblieben, so z. B. das Christi-Verklärungs-Kloster mit riesigen Fresken aus dem 16.-18. Jahrhundert, die in bestem Zustand sind. Am Ufer der Wolga entlang ist eine Reihe alter Kirchenbauten zu sehen.

Am Anfang steht das aus weißem Stein gebaute Spaski-Kloster. Es folgen die Erzengel-Michael-Kirche, die Spas-na-Gorodu- und die Nikola-Rublenny-Kirche.

Das Ensemble ist so beeindruckend, dass es Jaroslawl mit keiner anderen Stadt verwechseln lässt.

*Christi-Erscheinungs-Kirche*

*Erzengel-Michael-Kirche*

Sehenswerte Architekturdenkmäler sind:

▷ die asymmetrisch erbaute, fünfkuppelige Prophet-Elias-Kirche (1647-1650)

▷ das Ensemble des Erlöser-Klosters (12./13. Jahrhundert)

▷ der Gottesmutter-Turm (1623)

▷ der Uglitsch-Turm (1635)

▷ die Erlöser-Verklärungskathedrale (wurde 1516 auf Fundamenten aus dem 13. Jahrhundert in klaren und streng geometrischen Formen errichtet)

▷ die Christi-Erscheinungkirche aus roten Ziegeln (1684-1693); sie wurde von einem reichen Kaufmann gebaut und markiert den krönenden Abschluss der Entwicklung der Jaroslawler Baukunst

Das Museum der Kunst beheimatet eine großartige Sammlung von Gemälden bedeutender russischer Maler: Iwan Schischkin (1832-1898), Iwan Aiwasowski

*Kapelle des Hl. Alexander Newski*

(1817-1900), Wassili Perow (1834-1882), Ilja Repin (1844-1930) und Alexej Sawrassow (1830-1897), sowie Ikonen aus dem 12. Jahrhundert. In Jaroslawl gibt es drei Theater, verschiedene Museen und das Museumshaus des weißrussischen Dichters Maxim Bogdanowitsch.

Aus dem Jaroslawler Gebiet stammt auch die erste Frau im Weltall, die Kosmonautin Walentina Tereschkowa. Das 27 km entfernte Museum „Kosmos" zeigt ihr Leben sowie die Geschichte der russischen Raumfahrt.

**Walentina Wladimirowna Tereschkowa**, geb. am 6. März 1937 in Maslennikow bei Jaroslawl, war die erste Frau im Weltraum. Die Tochter eines im Zweiten Weltkrieg gefallenen Traktoristen war eine große Bewunderin Juri Gagarins. 1962 bestand sie die Aufnahmeprüfung an der Kosmonautenschule und begann ihre Ausbildung. Am 16. Juni 1963 startete sie an Bord von Wostok 5 zu einem fast dreitägigen Flug ins All und umkreiste die Erde 49 Mal.

# Rybinsker Stausee

Seinen Namen erhielt der Stausee von der Stadt Rybinsk. Aus dem einstigen Fischerdorf des 12. Jahrhunderts wurde im 16. und 17. Jahrhundert ein aufstrebender Handelsplatz. Wichtigstes Umschlagsgut dieser Zeit war der Weizen von der mittleren Wolga der, da die Wassertiefe in Richtung Norden zu gering war, in

Rybinsk auf kleinere Schiffe umgeladen wurde. Im 18. und 19. Jahrhundert bewegte man die Schiffe durch Treideln flussaufwärts.

Beim **Treideln** wird ein Schiff mittels Schlepptau vom Ufer aus durch Menschen-, Maschinen- oder Tierkraft stromaufwärts gezogen. Die Treidler an der Wolga bezeichnete man als Burlaken. Trotz unmenschlicher Anstrengungen der Wolgatreidler zog es tausende Tagelöhner nach Rybinsk, die auf Arbeit als Treidler hofften. Ab 1820 wurde diese mühselige Arbeit durch die beginnende Dampfschifffahrt nach und nach entbehrlich.

*Vor der Einfahrt in den Rybinsker Stausee*

Der russische Maler Ilja Repin (1844-1930) hat den Schiffsziehern mit dem Bild „**Wolgatreidler**" (Burlaki na Wolge, 1870-1873) ein Denkmal gesetzt. Im Westen kaum bekannt, ist der „Magier mit dem Licht" in Russland einer der bekanntesten Maler; das genannte Werk ist in der berühmten Tretjakow-Galerie zu sehen.

Der mit einer Fläche von 4.580 km$^2$ größte Stausee Europas ist Teil des Wolga-Ostsee-Wasserweges, der die Wolga mit der Ostsee verbindet. Er ist acht Mal so groß wie der Bodensee, ca. 60 km breit und ca. 110 km lang.

Die Planungen für den Bau des Stausees begannen bereits 1935; errichtet wurde er von 1941 bis 1947. Nach seiner Fertigstellung vergingen fast sechs Jahre bis er mit Wasser aufgefüllt war; mehr als 600 Orte wurden dabei überflutet.

Die Stauhöhe misst 14 m, das Fassungsvermögen beträgt 25,5 Mrd. m$^3$. Das Rybinsker Kraftwerk gehört mit einer Kapazität von 1,1 Mrd. Kilowattstunden zu den leistungsstärksten in Russland. Etwa 280 km nördlich von Moskau, 25 km westlich von Rybinsk beim Dörfchen Wolga mündet die Wolga in den Rybinsker Stausee. 10 km später, vor der Stadt Rybinsk, verlässt sie ihn wieder. Da die linken

Nebenflüsse, Scheksna und Mologa ihr Wasser nicht mehr direkt in die Wolga führen, fließt es in den Stausee, wo es im Norden bis zur Stadt Tscherepowez ange-
staut wird. Fälschlicherweise ist in der Literatur an vielen Stellen zu lesen, dass der
Stausee vom Wasser der Wolga gespeist wird. Ab Tscherepowez gelangt man über
das Marienkanalsystem bis zur Ostsee.

*Fast wie ein Meer – der Rybinsker Stausee*

Nach der Fertigstellung des Rybinsker Stausees entwickelte er sich zur Dreh-
scheibe zwischen Ostsee, Weißem Meer und Barentssee im Norden und dem
Schwarzen, Kaspischen und Asowschen Meer im Süden. Ein alter Traum ist mit
der Erreichbarkeit der Ostsee in Erfüllung gegangen. Ohne Umladung können
Schiffe von Astrachan am Kaspischen Meer in die Obere Wolga und somit zur
Ostsee fahren.

Mit dem Bau des Stausees verschwanden nicht nur Hunderte Dörfer unter
Wasser; es kam auch zu riesigen ökologischen Veränderungen. Ein Forschungsinstitut und eine biologische Forschungsstation beobachten die ökologische Entwicklung des von Menschenhand geschaffenen Sees. Am linken Ufer analysieren
Wissenschaftler das Leben des Stausees und das Leben seiner Bewohner unter
den neuen Bedingungen, sowie die Möglichkeiten der Zucht von Speisefischen.

Im nordwestlichen Teil des Stausees gibt es ein Naturschutzgebiet. Dort werden Veränderungen der Tier- und Pflanzenwelt, sowie die Zucht von Vögeln und deren Umsiedlung erforscht. Das Gebiet um den Stausee hat sich inzwischen zu einem grandiosen Tierreservat entwickelt. Bis zum Spätherbst nisten hier Schnepfen, Strandläufer, Gänse, Enten, Möwen und Reiher. Im See leben Hechte, Brassen, Barsche und Karpfen.

# Scheksna

In einem 290 m hohen Bergland östlich des **Onegasees** in der Nähe der karelischen Grenze entspringt der Fluss Scheksna. Er verläuft nach Süden und durchfließt den **Weißen See**. Südlich des Sees teilt sich die Scheksna bis zum Rybinsker Stausee den Verlauf mit dem **Wolga-Ostsee-Kanal**. Im Stausee wird die Scheksna von der **Wolga** aufgenommen.

Es ist überliefert, dass der Sohn **Iwan des Schrecklichen** am 26. Juni 1553 in der Scheksna ertrank. Nach einer schweren Erkrankung im März 1553 unternahm der Zar mit seiner Frau Anastasia und Sohn Dimitri eine Pilgerfahrt zum Grab des **Heiligen Kyrill**. Der Junge fiel in die Scheksna und ertrank.

Die Scheksna ist 164 km lang und war früher ein fischreicher Fluss. Sein Name stammt wahrscheinlich aus dem Finnischen und bedeutet „mit Riedgras bewachsener Nebenfluss". Die Scheksna verband seit der **Kiewer Rus** den russischen Norden mit der Wolga.

Im Zuge der Baumaßnahmen des Wolga-Ostsee-Kanals musste das Flussbett begradigt, vertieft und erweitert werden. Noch heute überqueren viele alte Fähren die Scheksna und vermitteln einen idyllischen Eindruck vom Fluss und seiner Umgebung.

# Wolga-Ostsee-Kanal

Der Wolga-Ostsee-Kanal wurde im Jahr 1964 fertig gestellt. Sein Bau wurde notwendig, weil der 1810 errichtete Wytegra-Kanal nicht mehr den Anforderungen des 20. Jahrhunderts entsprach. Der Wolga-Ostsee-Kanal führt vom Onegasee zur Oberen Wolga und ist mit einer Länge von 360 km ein Teilstück des Wolga-Ostsee-Wasserweges. Zum Kanal gehören vier Stauseen, sieben Schleusen, drei Wasserkraftwerke, elf Anleger und fünf Wasserableitungsbauwerke. Die sieben

Schleusen ersetzen die 39 alten Schleusen des früheren Mariensystems. 34 von ihnen wurden damals aus Holz gebaut. Sechs Schleusen des Wolga-Ostsee-Kanals sind zugleich Teil eines Verbindungskanals zwischen Kowscha und Wytegra, der die Wasserscheide zwischen den beiden Flüssen überwindet und damit das Wolgabecken mit dem Ostseebecken verbindet. Da der Verbindungskanal relativ schmal und die Streckenführung gewunden ist, sind permanente Überwachung und Unterhaltungsarbeiten nötig. Damit die Fahrrinne intakt bleibt müssen ganzjährig Baggerarbeiten ausgeführt werden.

Das Dorf Rubesch markiert die unsichtbare Grenze zwischen dem Ostsee- und dem Wolgabecken. Hier wird die Wasserscheide erreicht, was bedeutet, dass ab hier alle Flüsse in den Süden fließen. Zu ihnen gehört auch die Kowscha, auf der man zum Weißen See gelangt.

# Goritsy

Das Dorf hat etwa 1.300 Einwohner und befindet sich am linken Ufer der Scheksna, in der Nähe der Kreisstadt Kirillow. In Goritsy befindet sich das Christi-Auferstehungs-Kloster. Es wurde im Jahre 1544 von der Moskowiter Großfürstin Jefrossinja, Ehefrau des Großfürsten Andrej Staritzki, gegründet und erst vor kurzem der russisch-orthodoxen Kirche übergeben. Jefrossinja verbündete sich mit einer Gruppe von Bojaren, die den regierenden Zaren, **Iwan den Schrecklichen**, ermorden wollten. Ziel der Verschwörer war, dass Jefrossinjas Sohn Wladimir den Thron besteigt.

1563 kam Iwan hinter den Plan und Wladimir wurde in Moskau hingerichtet. Jefrossinja wurde nach Goritsy, in das Kloster, das sie selbst gegründet hatte, verbannt und unter falschem Namen eingesperrt. Aus dem Exil ersuchte sie Iwan den Schrecklichen so lange um Begnadigung und Freilassung, bis er sie entnervt in der Scheksna ertränken ließ. Ihre Handarbeiten sind heute noch im Klostermuseum zu sehen.

Das abgelegene Nonnenkloster von **Goritsy** diente auch später noch als Verbannungsort und Exil für in Ungnade gefallene Frauen russischer Adliger. Auch die vierte Ehefrau Iwans des Schrecklichen und auch seine letzte, Maria Nagaja, lebten als Nonnen im Kloster. Es beheimatete, zusätzlich zur regulären Schwesternschaft, regelmäßig zwischen 50 und 500 verbannte Frauen. Während der Zeit der Wirren (1603-1613) lebte die Tochter des Zaren **Boris Godunow**,

Zarewna Ksenija, im Frauenkloster. Auch die Braut des 14-jährigen Peter II., Jekaterina Dolgorukowa, wurde 1730 hierhin verbannt. Das Kloster hatte früher eine große wirtschaftliche Bedeutung für die Region, verfiel aber in der Zeit nach der Oktoberrevolution 1917 wie die meisten russischen Klöster.

Nicht alle Gebäude des am Rande des Dorfes in einer malerischen Gegend am Berg Maure gelegenen Auferstehungsklosters sind erhalten geblieben. Seit Ende der 90er Jahre des letzten Jahrhunderts wird das Kloster restauriert und auch wieder bewohnt.

Beeindruckend ist die 1544 errichtete Auferstehungskathedrale. An diese wurde später noch eine Kirche zur Erinnerung an den ermordeten Sohn der Zarin Maria Nagaja angebaut. Die Auferstehungskathedrale und ein Glockenturm wurden 1611 fertig gestellt. Anfang des 19. Jahrhunderts folgte neben den Gräbern der Nonnen Juliana und Jefrossinja noch eine Dreifaltigkeitskathedrale.

*Fischverkauf am Pier von Goritsy*

Von Goritsy gelangt man mit dem Bus in die 7 km entfernte Stadt Kirillow, mit einem der berühmtesten Klöster Russlands, dem Kloster des **Heiligen Kirill**.

# Kirillow

Im Gebiet Wologda, 7 km südöstlich von Goritsy entfernt, liegt die Stadt Kirillow. Sie ist nicht nur eine wichtige Station der Nördlichen Dwina; auch ihr kulturelles und architektonisches Erbe ist beachtlich.

Die **Nördliche Dwina** ist auf ihrem gesamten Lauf schiffbar. Einer ihrer Kanäle führt zur Wolga, die in das Kaspische Meer mündet und über einen weiteren Kanal mit dem Schwarzen Meer verbunden ist. Über einen weiteren Kanal besteht eine Verbindung über den Onegasee und den Ladogasee zum Finnischen Meerbusen.

Die Stadt entstand um das Kirillo-Beloserskij-Kloster, das heute zugleich die Hauptsehenswürdigkeit der Stadt ist. 1397 gründete ein Mönch aus dem Moskauer Simonow-Kloster diese Abtei. Dieser Kirill Beloserskij (1337-1427), Gründer, erster Vorsteher und Heiliger Eremit, schuf eines der berühmtesten Klöster

*Innenhof des Kirillo-Beloserskij-Klosters*

Russlands, das sich beständig entwickelte und bereits im 16. Jahrhundert eines der größten feudalen und kulturellen Zentren des Gebietes war.

Im Kloster arbeiteten Maler, Holzschnitzer und Silberschmiede, es gab eine bedeutende Bibliothek und es entstand sogar eine eigene Schule des Chorgesangs. Der Heilige Kirill Beloserskij verbrachte ein ganzes Jahr in der Einsiedelei bei Gebet und Arbeit. Anschließend baute er die Mariä-Entschlafen-Kirche und später auch die Mariä-Entschlafen-Kathedrale. Bei seinem Tod 1427, er starb im hohen Alter von 90 Jahren, lebten bereits 53 Mönche im Kloster.

Klöster spielten im alten Russland sowohl als Vorposten an den Staatsgrenzen als auch als Wirtschafts- und Kulturzentren eine tragende Rolle. Als 1380 der Goldenen Horde die erste Niederlage in der Schlacht auf dem Kulikowo-Feld beigebracht wurde, erlebten das russische Volk und auch die russisch-orthodoxe Kirche in dem festen Glauben an die Befreiung von der mongolisch-tatarischen Herrschaft einen geistigen Aufschwung.

Das Kirillo-Beloserskij-Kloster wurde zeitig zum Wallfahrtsort. Zar Wassili III. (1479-1533) besuchte es 1529 mit seiner Frau Jelena Glinskaja, um Gott um ein Kind zu bitten. Ein Jahr später gebar die Zarin einen Sohn, den späteren Iwan den Schrecklichen. Zur Erinnerung an dieses wichtige Ereignis wurden Ende des 16. Jahrhunderts die Erzengel-Gabriel-Kirche und die Kirche Johannes des Täufers errichtet.

Iwan IV. oder auch **Iwan der Schreckliche** (1530-1584) war erster gekrönter russischer Zar. Seinen Beinamen „der Schreckliche" erhielt er, weil in der Nacht vor seiner Geburt ein schreckliches Gewitter über das Land fegte und die Untertanen deshalb prophezeiten, dass es einen schrecklichen Thronfolger geben werde.

Zu Beginn des 17. Jahrhundert besaß das Kloster bereits 600 Dörfer und hatte damit einen bedeutenden Grundbesitz. 1612 wurde das Kloster von den Polen belagert, die aber bald eine schmerzliche Niederlage erlitten. Das ganze 17. Jahrhundert über wurden Kirchen gebaut und Zar Alexej Romanow (1629-1676) ließ riesige Befestigungsmauern von 11 m Höhe zum Schutz gegen schwedische Überfälle errichten. Die Bauarbeiten dauerten 30 Jahre an und das Kloster wurde zu einer mächtigen Festung.

Die wirtschaftliche Bedeutung des Kirillow-Klosters nahm durch die Reformen von Peter dem Großen (1672-1725) und Katharina II. (1729-1796) ab. Bereits

*Befestigungsmauern des Klosters*

zu Beginn des 18. Jahrhundert beherbergte es nur noch ein Gefängnis für abtrünnige Popen, politische Gefangene und rebellische Soldaten.

1919 wurde das Kloster enteignet und unter staatlichen Denkmalschutz gestellt, 1924 geschlossen und ein Heimatkundemuseum eröffnet, das den Grundstein des seit 1968 bestehenden kunsthistorischen Museums darstellte. Heute gehört das Kloster partiell wieder der russisch-orthodoxen Kirche und beherbergt ein bedeutendes Ikonenmuseum.

# Weißer See

Im Norden des Wologda-Gebietes befindet sich der Weiße See. Ihm entspringt die Scheksna und in ihn mündet die Kowtscha. Zusammen mit diesen Flüssen ist der See ein Teil des Wolga-Ostsee-Kanals. Er gehört mit seiner Fläche von 1.290 km$^2$ zu den zehn größten natürlichen Seen Europas.

> *„Der Weiße See ist ziemlich tief*
> *und hat sauberes Wasser und einen steinigen,*
> *zum großen Teil lehmigen Boden.*
> *Dieser Lehm, sehr fein und weiß,*
> *vermischt sich mit dem Wasser während der Stürme*
> *und gibt dem See seine charakteristisch weiße Farbe …"*
> *Aus: „Geografisches Wörterbuch des Russischen Reiches"*
> *(aus dem Jahr 1801)*

Ursprünglich ist der See oval gewesen; durch den Anstieg des Wasserstandes nach dem Bau des Wolga-Ostsee-Kanals hat sich die Form aber etwas verändert.

Der See ist mit einer Durchschnittstiefe von 4 m vergleichsweise flach, hat aber einige tiefe Mulden. Der Boden ist meist mit Sand bedeckt; nur im Norden gibt es steinige Untiefen. Am Ufer gibt es herrliche Wiesen zwischen stellenweise morastigen Ufern und niedrigen Wäldern.

Starke Winde erschwerten lange Zeit die Schifffahrt. 1918 wurde endlich ein Umleitungskanal entlang des Südufers gebaut.

Der Weiße See und seine Nebenflüsse verbanden seit jeher den Norden und den Süden Russlands. Anfang des 20. Jahrhunderts wurde der Weiße See Teil des Marienkanalsystems, das später durch den Wolga-Ostsee-Kanal ersetzt wurde. Durch die damit einhergehende Überschwemmung eines Teils der Wälder ist das ökologische Gleichgewicht des Sees gefährdet.

Noch ist er sehr reich an Fischen. Es gibt die in ganz Russland berühmten Stinte, Hechte, Barsche, Quappen, Zander, Brassen, Plötze und kleinen Störe. Damit das so bleibt, überwacht eine ökologische Forschungsstation den Zustand des Sees.

# Onegasee

Der Onegasee ist eine weitgehend unberührte Wasserlandschaft, befindet sich im Nordwesten Russlands zum größten Teil in der Republik Karelien und ist zweitgrößter Binnensee Europas. Seine Fläche misst 9.720 km², er ist 250 km lang und stellenweise 91,6 km breit. Seine maximale Tiefe wird mit 127 m angegeben. Im Norden des Sees liegen zahlreiche Inseln. Bekannt und häufig besucht ist die Insel Kishi mit dem berühmten Kirchenensemble. Die größte Stadt am Onegasee und zugleich Hauptstadt Kareliens ist Petrosawodsk. Der See wird von ca. 40 Flüssen z. B. Suna Wodla gespeist, hat aber nur einen einzigen Abfluss: die Swir. Durch die Swir besteht eine Verbindung zum Ladogasee und zur Ostsee. Über Kanäle und Flüsse ist der Onegasee mit dem Weißen, Kaspischen und Schwarzen Meer verbunden. Der Wolga-Ostsee-Kanal läuft teilweise durch den See.

Das nördliche Ufer besteht aus Felsen und Nadelwäldern, während es an den südlichen Ufern vorwiegend Laubwälder gibt, die von Linden, karelischen Birken und Ulmen dominiert werden. Hier leben noch Wölfe, Bären, Hirsche, Marder,

*Farbspiele auf dem Onegasee*

Eichhörnchen, Füchse und Luchse. Es gibt sogar Bisamratten, die, keiner weiß genau wie, aus Nordamerika dorthin gekommen sind. Noch immer ernähren die Wälder die Menschen und das Holz wird seit Jahrhunderten über Wasser zur Ostsee oder zum Kaspischen Meer transportiert. Die Besiedlung an den Ufern des Onegasees lässt sich bis in die Jungsteinzeit zurückverfolgen. Mit dem Abbau von Eisenerz im 18. Jahrhundert gewann die Region an wirtschaftlicher Bedeutung. Peter der Erste gründete eine Waffenfabrik an der Mündung des Losinka-Flusses in den Onegasee und ließ Kanonen gießen, was das Eisenerz hergab.

Wegen der ergiebigen Holzvorkommen in den weiten Wäldern um den Onegasee siedelte sich später die Zellstoffindustrie an. Sie brachte jedoch auch ökologische Probleme mit sich und gefährdet das Gleichgewicht des Onegasees und somit den Lebensraum von Tier und Mensch.

Trotz allem, das Wasser ist einzigartig; es ist so dunkel, dass es undurchsichtig scheint. Mit nur 35 mg Salz auf einen Liter Wasser gleicht es von der chemischen Zusammensetzung her fast destilliertem Wasser. Das ist tausendmal weniger Salz als im Meerwasser und dreimal weniger als im Baikalsee, der für seine Reinheit bekannt ist.

Der Ladogasee, der durch die Swir mit dem Onegasee verbunden wird, liegt 28 m tiefer. Durch den Unterschied im Wasserniveau können zwei Wasserkraftwerke Elektroenergie erzeugen.

Von November bis Mai friert der Onegasee zu. Das Klima ist rau und unberechenbar. Mal herrscht feuchte, warme Luft vom Baltikum, mal kalter Wind aus dem Norden und mal strömen trockene Luftmassen aus dem Südosten ein. Bei stürmischen Winden können die Wellen bis zu 5 m hoch werden.

Der Onegasee hat eine reiche Fauna mit 40 Fischarten, darunter Forellen und Lachse, die aus dem armenischen Sewansee dorthin gebracht worden sind.

200 Vogelarten sind um den See beheimatet; unter ihnen Enten, Kraniche, Gänse und Schwäne. Das schwere Leben der Nordbauern, die im rauen Klima weder Kohl noch Buchweizen, Hafer oder Zwiebeln anbauen konnten, wurde durch die Nähe des Onegasees erleichtert. Mit Jagen und Fischen konnten sie sich dennoch ernähren.

Der See hat zu jeder Jahreszeit seinen Reiz; im Herbst bezaubert er durch seine unfassbare Farbenpracht; im Winter durch Schnee, Eis, Wind und klirrende Kälte. Im Sommer werden unzählige Touristen vom smaragdgrünen See, den dichten Wäldern und den märchenhaften Zwiebeltürmen der alten Holzkirchen angelockt.

# Kishi

Die Insel Kishi liegt im Onegasee, ist 8 km lang und nur ca. 1,5 km breit. Ein Gebirgskamm durchzieht die Insel von einem Ende zum anderen.

Das Ensemble von Kishi mit der silbrig glänzenden Christi-Verklärungskirche aus Schindelholz gehört zu den Perlen der Holzarchitektur. Das Kunstwerk wurde nur aus Holz und zerbrechlichen Schindeln und ohne einen einzigen Eisennagel errichtet.

Die von Weitem scheinbar aus dem Wasser aufsteigende, 35 m hoch aufragende Kirche mit den 22 Zwiebeltürmchen hat im Sonnenlicht einen unvergleichbaren silbrigen Glanz. Dieser rührt von den durch Verwitterung grau gewordenen Espenschindeln. Der Kishi-Kirchhof mit der 1714 erbauten Christi-Verklärungskirche steht auf der UNESCO-Liste der zu rettenden und zu erhaltenden internationalen Kulturschätze. Der vielleicht schönste erhaltene Holzbau Russlands soll vom legendären Baumeister Nestor gebaut worden sein. Eine Legende erzählt, dass er nach der Fertigstellung seine Axt mit den Worten „So eine gab es nie, es gibt keine zweite und es wird nie eine geben." weit in den Onegasee geschleudert haben soll. 50 Jahre später wurde die Maria-Schutzkirche und 1774 der Glockenturm erbaut.

*Kishi-Kirche auf dem Gelände des Freiluftmuseums*

Die Dörfer und Kirchen der Insel Kishi wurden erstmalig vor 400 Jahren in Chroniken erwähnt. Im 16. Jahrhundert war Kishi Verwaltungszentrum des Kreises Saoneshje und von fleißigen, wohlhabenden und gläubigen Fischern, Bauern, Schmieden, Zimmermanns- und Kaufleuten bewohnt. Sie waren reich an Kultur und Traditionen.

Heute ist Kishi ein einzigartiges Freilichtmuseum mit typischen Bauernhöfen und den bekanntesten, denkmalgeschützten Holzhäusern Russlands. Die ca. 80 historischen Holzbauten zeigen die hohe Kunst der karelischen Holzarchitektur bis ins kleinste Detail. Die wenigsten von ihnen stehen allerdings auf ihrem ursprünglichen Platz, sondern wurden von anderen Inseln und vom Festland dorthin gebracht. Die Holzbauten waren unschwer auseinander zu nehmen und wiederaufzubauen. Die meisten der Bauernhäuser waren nach dem Zweiten Weltkrieg verlassen und so nahmen sich die Historiker ihrer an. Die ursprünglichen Eigentümer, reiche Bauern, auch Kulaken genannt, sind in den

*Bootsanlegestelle auf Kishi*

30er Jahren vertrieben oder verhaftet worden. Mit dem Erhalten der Baudenkmäler wurde sowohl ein Reservat russischer Holzkultur als auch menschlichen Schaffens errichtet.

Getreu dem russischen Sprichwort *„Am Meer sitzen und auf schönes Wetter warten"* ist Kishi im Sonnenschein Inspiration für Poeten und Objekt der Begierde für Fotografen.

Wie anfangs erwähnt, besteht das Kishi-Ensemble aus der Christi-Verklärungskirche, der Maria-Schutzkirche und dem dazwischenliegenden Glockenturm. Es ist schwierig diese alten Holzbauten zu erhalten.

Das Innere der Verklärungskirche wäre ohne Gerüst schon längst eingestürzt. Seit Jahren wird überlegt die Kirche einfach auseinander zu nehmen und dann wieder stabiler aufzubauen.

Nicht weit entfernt befindet sich die kleine Lazarus-Kirche. Sie wurde im 14. Jahrhundert erbaut und ist das älteste Holzbaukunstdenkmal Russlands. Ursprünglich gehörte die Kirche zum Muromskij-Kloster am südlichen Ufer des Onegasees. Außer der Lazarus-Kirche, die als wundertätig geehrt wurde, sind alle Gebäude des Klosters im 19. Jahrhundert rekonstruiert worden. Die Lazaruskirche kam erst 1960 nach Kishi. Zum Museumsdorf gehören weitere Kirchen mit langer Geschichte wie die Erzengel-Michael-Kapelle, die Mariä-Himmelsfahrt-Kapelle, die Erlöser- und die Peter-Paul-Kapelle. Zu sehen gibt es aber auch hunderte Jahre alte Gebäude wie Wind- und Wassermühlen, Schmieden, Scheunen, russische Dampfbäder (Banjas) und Häuser, bei deren Besichtigung sich der Besucher über Leben, Traditionen und Sitten der Bewohner informieren kann. Das Museum birgt eine stattliche Sammlung von Ikonen aus dem 18. und 19. Jahrhundert.

In den touristisch stark frequentierten Sommermonaten werden in Kishi verschiedene Arten russischen Kunstgewerbes vorgestellt. Das originelle Folkloreensemble des Museums führt Konzerte auf und vom Turm ertönt Glockengeläute. Auch werden in Kishi Staats- und Kirchenfeste gefeiert.

# Swir

Die Swir ist ein Fluss Nordrusslands und markiert die traditionelle Südgrenze Kareliens. Sie verbindet die beiden größten Seen Europas: den Onegasee, dem sie entspringt, und den Ladogasee, in den sie mündet.

Der Swir fließen 30 Nebenflüsse zu; mit einer Länge von 224 km ist sie verglichen mit den Strömen Russlands relativ kurz. Am Ober- und Unterlauf liegt jeweils ein Wasserkraftwerk. Die Ufer der Swir sind malerisch und abwechslungsreich. Steile, hohe und bewaldete Ufer wechseln sich mit Schluchten, hochragenden, roten Felsen und Sumpfgebieten ab. Seit Generationen wird das Land mit Bauholz von den Ufern der Swir beliefert, das von gewaltigen Flößen aus Baumstämmen zur Mündung des Flusses transportiert wird. Auch heute kann man vielerorts Bauholz an den Ufern sehen.

Die Swir wird auch der „launische Fluss" genannt, weil er trotz seiner vergleichsweise geringen Tiefe von 5 bis 10 m mit gefährlichen Stromschnellen, dem kurvenreichen Flusslauf und den häufig dichten Nebeln schwierig zu befahren ist. Früher bedurfte es in Richtung Onegasee der Hilfe von Treidlern; in Richtung Ladogasee waren Lotsen notwendig. Heute navigieren erfahrene Kapitäne ihr Schiff mit Geschick und moderner Technik durch alle Hindernisse.

Interessant und geschichtsträchtig ist die älteste Stadt an der Swir: **Lodejnoje Pole**. Sie wurde 1702 als Werft für Peter I. gegründet. Auch stammen die meisten Schiffe der russischen Flotte von dort. Die Entdeckung der Antarktis wird gewöhnlich James Cook oder Fabian Gottlieb von Bellingshausen zugeschrieben, aber Abenteurern und Seefahrern ist das Schiff „Mirnij" bekannt, das mit russischer Besatzung die Welt umsegelte und im Jahre 1820 die Antarktis entdeckte. Auch dieses Schiff lief in Lodejnoe Pole vom Stapel.

Auf der Passage entlang der Swir überwindet das Schiff zwei Schleusen. Vor Podporoshjie passiert das Schiff die erste Schleuse mit dem Ober-Swir-Wasserkraftwerk. Dort wird ein Höhenunterschied von 14 m überwunden.

Auf einem 30 m hohen Damm führt die Straße nach St. Petersburg. Die Entfernung zwischen den beiden Schleusen beträgt 43 km. Dazwischen befindet sich das Nieder-Swir-Naturschutzgebiet; Heimat von mehr als 240 Tierarten. Die zweite der beiden Schleusen bei Swirstroj überwindet den Resthöhenunterschied der 28 m zwischen Onega- und Ladogasee. Das zeitgleich erbaute Wasserkraftwerk wurde 1933 in Betrieb genommen, im Zweiten Weltkrieg jedoch wieder zerstört. Der Wiederaufbau erfolgte hauptsächlich durch Kriegsgefangene und Häftlinge.

# Mandrogi

Mandrogi ist ein, heute wieder aufgebautes, ehemaliges Fischerdorf, das am Ufer des Flusses Swir liegt. Bis St. Petersburg sind es 270 km. Mandrogi hat wie viele Orte auf der Schiffsreise seine ganz eigene Geschichte. Während des Zweiten Weltkrieges wurde die Gegend von finnischen Truppen besetzt. Die Bewohner wurden zwangsevakuiert und kehrten nicht mehr zurück. Erst in den 60er Jahren entstand durch Beschäftigte einer Sandgrube wieder eine kleine Siedlung in Mandrogi.

Auf Initiative des Privatunternehmers Sergej Gutsait wurde ab 1996 die Wiederbelebung des Dorfes in Angriff genommen. Er kaufte das Gebiet und holte die besten Zimmerleute des Landes, um in Mandrogi die Zimmermannskunst in Perfektion zu etablieren. Mit den Jahren entstand ein Museumsdorf, dessen ständige Einwohnerzahl inzwischen ca. 150 Personen beträgt. Es sind zumeist junge Leute, Kunsthandwerker und Künstler. Weitere 200 Personen kommen täglich zum Arbeiten nach Mandrogi. Die Dorfbewohner arbeiten in der Kunsthandwerksproduktion, im Souvenirverkauf, in der Teestube, im Weinlokal oder Wodkamuseum. Es gibt eine Schule und einen Kindergarten. Gäste können in einem Hotel mit 16 Zimmern und in Bauernhäusern untergebracht werden. Im Ort gibt es ein Restaurant mit traditioneller Küche, Bar und Sauna. Für die Inselbewohner ist der

Genuss von Alkohol streng untersagt; auch müssen sie zum Gemeinwohl beitragen. Inzwischen wurden mehr als elf Kinder auf Mandrogi geboren.

*Wodka-Schachspiel im Wodkamuseum*

In Mandrogi gibt es viel zu unternehmen: Sie können die Arbeiten der Töpferei, Schmiede und Näherei verfolgen, **Souvenirs**, traditionelle Kleidung und Bilder kaufen, Ausritte zu Pferd unternehmen, angeln gehen, die einzige Elchfarm im Nordwesten Russlands besuchen, jagen, fischen, Bogen schießen oder eine Rundfahrt mit der Troika unternehmen. Ferner gibt es einen Minizoo mit Bären, Wachteln, Fasanen und Gänsen, eine Bäckerei und ein Brotmuseum. Zu Fuß lässt sich die Natur erkunden; der Fluss Swir ist reich an Fischen und in den Wäldern leben verschiedenste Tiere und Vögel.

Das Leben ist langsam nach und nach an dieses Ufer der **Swir** zurückgekehrt. Unter den Bewohnern des Dorfes sind auch Wepsen, deren Vorfahren dem Dorf seinen klangvollen Namen gaben. Mandrogi heißt auf Wepsisch „Kiefern auf dem Sumpf". Die Dorfbewohner und Jungunternehmer haben viele Pläne zur Entwicklung des Ortes und schauen optimistisch in die Zukunft. Es gibt einen Minitiergarten, einen Gutshof mit eigenem Bootssteg und eine kleine Fischfarm in den östlichen Teichen ist geplant. Basis aber bleibt das Kunsthandwerk, das viele

*Hölzerne Windmühle*

Handwerker aus ganz Russland anzieht in der „Oase" Mandrogi zu leben und zu arbeiten. Sie lassen sich im Ort nieder und geben ihr Können an die nächste Generation weiter. Allein an der Auswahl der Souvenirs, die sonst an keinem Ort der Kreuzfahrt zu finden sind, erkennt man unschwer die Meisterklasse der Handwerkskunst. Zu den vielen Besuchern von Mandrogi zählen auch Prominente wie der Präsident und der Premierminister Russlands.

**Wepsen** sind ein finno-ugrisches Volk mit ostseefinnischem Ursprung. Sie sind eine kleine Bevölkerungsgruppe mit ca. 13.000 Angehörigen und leben im Nordwesten Russlands. Die Wepsen sind russisch-orthodoxe Christen. Die Sprache der Wepsen ist dem Karelischen ähnlich, stirbt aber langsam aus. Auch von der reichen wepsischen Tradition hat lediglich die Töpferkunst überlebt.

# Ladogasee

In Südwestkarelien, nahe der Grenze zu Finnland, befindet sich der größte Süßwassersee Europas – der Ladogasee. Mit einer Wasserfläche von 17.700 km² und einer Inselfläche von 687 km$^2$ ist er fast 40-mal größer als der Bodensee. Die größten Inseln sind Valaam und Risklansari. In Nord-Süd-Richtung erreicht der See eine Länge von 220 km; die breiteste Stelle misst 120 km; die schmalste 80 km. Der Ladogasee ist bei einer maximalen Tiefe von 225 m und einer durchschnittlichen Tiefe von 52 m von Anfang Dezember bis Ende März zugefroren.

In den nach der letzten Eiszeit durch Fließbewegung von vier Gletschern entstandenen See münden 3.500 Flüsse. Die größten sind Wolchow, Swir, Olonka und Vuoska, während nur einer, die Newa, Wasser abführt.

Der Ladogasee ist die wichtigste Trinkwasserquelle für die Einwohner der russischen Metropole St. Petersburg und zugleich Lebensraum einer artenreichen Tier- und Pflanzenwelt. Hier ist noch der stark in seiner Existenz bedrohte Ladoga-Seehund beheimatet. Die ökologische Situation der Region ist angespannt. Hauptquellen der Verschmutzung sind metallurgische, chemische und Bergbaubetriebe. In den letzten Jahrzehnten haben Abwässer aus der Zelluloseindustrie und Landwirtschaft den See stark verunreinigt. Die eingeleiteten Stoffe führen zu starkem Algenwachstum, die dem Wasser den Sauerstoff entziehen.

Trotz dieser Probleme lockt der Ladogasee jeden Sommer die Großstädter aus dem ca. 50 km entfernten St. Petersburg an. Besonders die Insel Valaam mit ihrem bekannten Kloster gilt als touristische Attraktion. Von St. Petersburg aus finden per Schiff regelmäßige Exkursionen statt. Wo sich heute im Getümmel von Kindern, Erholung Suchenden und Badetüchern an den Sommerwochenenden gerade noch ein Plätzchen finden lässt, hing vor über 60 Jahren das Schicksal Leningrads (heute St. Petersburg) an einem seidenen Faden.

Am 8. September 1941 hatte die 18. Armee der deutschen Wehrmacht mit der Eroberung des Vororts Schlüsselburg den Belagerungsring um Leningrad geschlossen und es folgte eines der grausamsten Kapitel des Zweiten Weltkriegs: die fast 900-tägige Belagerung der Stadt, die erst am 27. Januar 1944 zu Ende ging. Etwa eine Million Einwohner der Stadt fielen der Belagerung zum Opfer, starben an Hunger und Kälte. Lebensmittel und Brennmaterial gingen bald aus. Über die „Straße des Lebens" gelangten Waffen, Lebensmittel und Heizmaterial in die belagerte Stadt. Dieser Transport über den See, im Winter mit Lastwagen übers Eis und im Sommer auf dem Wasserweg, war die einzige Möglichkeit die von der Außenwelt abgeschnittene Stadt mit dem Allernötigsten zu versorgen. Doch alle Anstrengungen reichten nicht aus und die Lebensmittelrationen mussten ständig weiter reduziert werden und erreichten im Winter 1941/1942 ihren Tiefstand. Hinzu kam der kälteste Winter des 20. Jahrhunderts mit Temperaturen bis minus 40°C. Es kam zu einem schrecklichen Massensterben. Die Gegend war heftig umkämpft und Leningrad wäre völlig ausgestorben, wenn es den deutschen Truppen gelungen wäre, diese letzte Verbindung und damit letzten Transportweg zu zerstören. Das Museum „Straße des Lebens" und ein großes Denkmal für die Helden und Opfer erinnern noch heute an diese Grausamkeit des Krieges.

Erstmals wurde der Ladogasee in Chroniken aus dem 10. Jahrhundert erwähnt. Er hieß damals noch „Newo"; ab dem 13. Jahrhundert wurde er nach der gleichnamigen mittelalterlichen Handelsstadt an seinen Ufern, Staraja Ladoga, in Ladogasee umbenannt. Seit Jahrhunderten ist der See eine wichtige Verkehrsader. Vom 9. bis 12. Jahrhundert war hier ein bedeutender Handelsweg von den Warägern zu den Griechen, also ein Weg vom Norden Russlands nach Byzanz und nach Skandinavien.

**Waräger** sind Wikinger der slawischen Völker Osteuropas und im byzantinischen Reich. Es handelte sich um durch Eide, Schwüre und gemeinsame Handelsinteressen verbundene, bewaffnete, skandinavische Männerbünde. Sie nutzten die großen Flüsse wie Newa, Wolga, Dnjepr und Don, um sich im Tiefland Osteuropas fortzubewegen.

Der Ladogasee gehört zum System des Wolga-Ostsee-Wasserweges und ist schiffbar, wenn auch die Schifffahrtsbedingungen kompliziert sind, da es im Herbst stürmische Winde geben kann. Für kleine Schiffe gibt es im südlichen Teil den alten und den neuen Ladogakanal.

Der See ist mit mehr als 60 Arten ausgesprochen fischreich. Wirtschaftlich von Bedeutung sind: Aal, Stör, Barsch, Brasse, Plötze, Lachs, Hecht und Forelle.

Schon immer gewann man an den Nordufern und auf den Inseln des Ladogasees Baumaterial, vor allem Steine. Der Ladogagranit war 150 Jahre lang das Hauptbaumaterial für die Errichtung des neuen Zarensitzes St. Petersburg.

# Newa

Die vom Ladogasee in die Ostsee fließende Newa ist 74 km lang und durchquert die Stadt St. Petersburg. Kurz vor ihrer Mündung in den Finnischen Meerbusen, wo sie sich in ein 280.000 km² großes Becken ergießt, teilt sie sich im Stadtgebiet von St. Petersburg in drei Hauptarme. Über verschiedene Wasserstraßen können Schiffe die Wolga, das Weiße, Kaspische, Asowsche und Schwarze Meer erreichen. Die Newa ist damit nicht nur eine Wasserstraße von großer Bedeutung, sie ist auch die Wiege der Stadt St. Petersburg, die ihr ihre Entstehung als Hafen- und Festungsstadt verdankt. Über die Hälfte ihrer Strecke legt die Newa im Stadtgebiet von St. Petersburg zurück und ist damit vermutlich der „städtischste" Fluss in Europa. Die Newa hat eine starke Strömung, ist zwischen 400 und 1.200 m breit und zwischen 8 und 24 m tief.

Der Name des relativ kurzen Flusses stammt vermutlich von der früheren Bezeichnung des Ladogasees, der „Newo-See" hieß, was im Finnischen „Sumpf" bedeutet. Diese Bezeichnung erinnert auch an die Gründung der Stadt St. Petersburg durch **Peter I.**, als das flache Flussdelta der Newa trockengelegt werden musste, da es nur aus Morast bestand. Schon immer war die Newa zwischen Russen und Schweden ein Zankapfel. Sie wurde erstmalig im 9. Jahrhundert vom Fürstentum Nowgorod beansprucht. Peter der I. festigte mit seinem Sieg im Nordischen Krieg (1700-1721) über Schweden den Anspruch Russlands auf den Fluss. Um vollendete Tatsachen zu schaffen, gründete er seine neue Hauptstadt an der Mündung der Newa. Die prunkvollsten Gebäude der Stadt wurden an den Ufern der Newa errichtet; selbst die Hauptplätze von St. Petersburg sind der Newa zugewandt. Ende des 18. Jahrhunderts entstanden elegante Anlegeplätze und die Ufer wurden mit Granitplatten befestigt.

In die Newa münden etwa 30 Zuflüsse, deren Namen: Mga, Tosna, Ishora, Ochta den ehemaligen Soldaten der Russlandfront noch heute bekannt sind. Die Orte entlang dieser Flüsse werden bis heute von ihnen und von den Angehörigen der vielen Gefallenen besucht.

Durch die Nähe zur Ostsee ist das Klima um den Fluss eher feucht und regnerisch. Selbst im Hochsommer steigen die Temperaturen selten über 25°C. Die Wassertemperaturen der Newa steigen im Sommer auf bis zu 17°C, während sie im Winter zufriert. Erste Eisschollen gibt es Anfang Dezember; die Eisschmelze beginnt im April. Von Ende Dezember bis Februar kann man problemlos zu Fuß den zugefrorenen Fluss überqueren. Das Angeln auf dem vereisten Gewässer ist seit jeher beliebt. Nicht nur, dass das lange Sitzen auf dem Eis der Newa in eisiger Kälte den Konsum von Wodka fast unabdingbar macht; die Fischer machen an den eingeschlagenen Eislöchern auch gute Fänge. Im Winter ist der Fluss nicht nur für Eisangler, sondern auch für Kinder und Wintersportliebhaber ein beliebter Anziehungspunkt.

Mitte April wird die Newa wieder für den Schiffsverkehr freigegeben. Dann herrscht reger Verkehr auf dem Wasser, wobei große Schiffe die Stadt nur nachts passieren können, wenn die Brücken für einige Stunden hochgezogen werden. Es ist ein großes Spektakel für Touristen und auch für die St. Petersburger, wenn sich die Brücken von 2:00 bis 5:00 nachts öffnen.

Da sich St. Petersburg über 42 Inseln der Newa erstreckt und von einem Geflecht flussgespeister Kanäle geteilt wird, erinnert die Stadt an Venedig oder Amsterdam und eine Bootsfahrt ist eindrucksvoll und sehr zu empfehlen.

Die beiden Newa-Ufer werden innerhalb der Stadt durch acht Brücken verbunden. Eine der schönsten ist die 580 m lange und 24 m breite **Troizkij-Brücke**, die 1896 von der französischen Firma Batignolles erbaut wurde. Sie hatte damit einen internationalen Wettbewerb für den besten Entwurf gewonnen.

Die **Alexander-Newski-Brücke** ist die längste Brücke und wurde von 1960-1965 von Leningrader Ingenieuren gebaut. Unweit der Stelle, an der im Zweiten Weltkrieg die blutigsten Kämpfe um die Stadt tobten, befindet sich die neunte Newa-Brücke. Diese Stelle verteidigten sowjetische Truppen während der ganzen Blockadezeit Leningrads. Noch heute soll auf dem blutgetränkten und mit Granatsplittern und Bomben übersäten Boden kein Gras wachsen.

Neben Moskau galt St. Petersburg lange Zeit als eine der am stärksten verschmutzten Städte Russlands. Nicht nur die Abwässer der 5-Mio.-Industriestadt belasten die Newa; hinzu kommt die vermehrte Verschmutzung an ihrem Flusslauf. Die Newa ist auch Abfluss des Ladogasees, an dessen Ufern verschiedene Fabriken liegen und der selbst das Schmutzwasser diverser russischer Städte über seine Zuflüsse aufnimmt. Aber in Sachen Umweltschutz hat sich in jüngster Zeit einiges getan. So wurde im Sept. 2005 die neue große Kläranlage im Südwesten von St. Petersburg in Gegenwart von Präsident Putin in Betrieb genommen. Für das Projekt wurden Finanzmittel der Europäischen Investitionsbank zur Verfügung gestellt. Es kam inzwischen sogar zu einer nachweisbaren deutlichen Verbesserung der Wasserqualität der Ostsee.

Die Stadt hat auch schon viele dramatische Überschwemmungen erlebt und bei einer Stadtbesichtigung sind noch heute Gedenktafeln mit den Wasserständen während verschiedener verheerender Fluten z. B. am 23.11.1723, am 7.11.1824 und am 24.09.1924 zu sehen.

> „… Die Newa,
> einem Kranken gleich,
> warf ruhelos sich in ihrem Bette,
> es war schon Nacht;
> an Wand und Glas
> schlug bös der Regen,
> schneeig-nass,
> laut klang des Windes trübes Klagen,
> und kochend wie in Kesselglut
> warf einem Tiere gleich,
> in Wut,
> sich auf die Stadt der Strom. …"
> Autor unbekannt

Zur Verhinderung solcher Überschwemmungen begann man 1979 mit dem Bau eines Dammes quer durch die Newa-Bucht. Dieser störte die Zirkulation des Küstenwassers, große Teile des Wassers kamen zum Stillstand und die Qualität des Wassers nahm beträchtlich ab. In Einklang mit den Umweltschutzzielen für die Ostsee hat die Europäische Investitionsbank 2005 ein 40-Mio.-Euro-Darlehen zur Fertigstellung des 25 km langen Hochwasser-Sperrwerks in St. Petersburg gewährt. Das Sperrwerk überquert die Insel Kotlin und umfasst elf Fels- und Erddämme als Unterbau, sechs Sielöffnungen für den Abfluss der Newa und zwei Fahrrinnen mit schließbaren Toren.

# St. Petersburg – „Venedig des Nordens"

Die Stadt, auch „Venedig des Nordens" genannt, liegt an der Mündung der **Newa** auf 44 Inseln im Mündungsdelta des Finnischen Meerbusens. Die größte dieser Inseln ist die Wassili-Insel mit einer Fläche von 10 km². 86 Flüsse, Bäche und Kanäle, die auf 160 km ihren Weg durch die Stadt finden, werden von mehr als 600 Brücken überquert. Davon sind 21 Zugbrücken, um auch größere Schiffe passieren zu lassen. St. Petersburg ist mit 5,2 Millionen Einwohnern die viertgrößte Stadt Europas, die zweitgrößte Russlands und zudem die nördlichste Mil-

*An der Newa*

lionenstadt der Welt. Sie ist ein Symbol des neuen und modernen Russlands. Nach Moskau ist St. Petersburg in wirtschaftlicher und in kultureller Hinsicht die bedeutendste russische Stadt. Sie beherbergt den wichtigsten russischen Ostseehafen und besitzt bis heute eine beeindruckende Kulturlandschaft. Die Innenstadt gehört zum UNESCO-Weltkulturerbe.

Die Grundsteinlegung fand am 27. Mai 1703 auf der Haseninsel statt. Obwohl von **Peter dem Großen** gegründet, war nicht der Zar selbst der Namensgeber, sondern sein Schutzpatron der Apostel Petrus. Peter der Große ließ die Stadt im wahrsten Sinne des Wortes aus dem Sumpf stampfen. An die 200.000 Arbeiter rodeten die Wälder und legten mit Kanälen die Sümpfe trocken. Dabei waren viele Todesopfer zu beklagen; weder das sumpfige Gelände noch das Klima waren zum Bau einer Stadt prädestiniert. Um die Stadt rasch wachsen zu lassen, bekamen die reichen Familien vom Zaren den Befehl je ein Steinhaus zu bauen. Die Peter-und-Paul-Festung wurde als erstes Gebäude errichtet. Die Zarenfamilie verlegte 1711 ihre Residenz von Moskau nach St. Petersburg. Einer der ersten Petersburger Baumeister von 1703-1734 war Domenico Trezzini.

**Domenico Trezzini** (1670-1734) studierte in Rom und kam auf Wunsch Peters des Großen nach St. Petersburg, als die Stadt noch gar nicht existierte. Er hat in den folgenden 31 Jahren wesentlich an der Schaffung repräsentativer Bauten mitgewirkt. Unter seiner Leitung entstanden z. B. die Peter-Paul-Festung und -Kathedrale und der Sommerpalast.

*Eine Stadt mit Charme und Flair*

Weitere führende ausländische Architekten und Baumeister wie Andreas Schlüter, Johann Braunstein, Gottfried Schädel, Jean Baptiste Leblond, Giovanni Maria Fontana und Gaetano Chiaveri brachten sich beim Bau der neuen Zarenresidenz ein. Im St. Petersburg-spezifischen Barockstil entstand ungewöhnlich schnell und planmäßig die neue Hauptstadt Russlands, die sich schon nach 50 Jahren mit anderen Hauptstädten wie Rom, Paris und Wien vergleichen ließ. Ein Glanzstück französischer Bildhauerei lieferte Etienne Maurice Falconet. Er verewigte 1782 mit dem Denkmal „Der Eherne Reiter" den Begründer St. Petersburgs, Peter den Großen. **Alexander Puschkin** taufte die Statue. Die auf dem Reißbrett geplante Stadt zeigt deutlich westlichen Charakter. In Zeiten des strengen, reifen und späten Klassizismus und später des

*St. Petersburg – „das Venedig des Nordens"*

Jugendstils entstanden majestätische Plätze, atemberaubende Kathedralen und wahre Prachtbauten.

Obwohl nach der Oktoberrevolution 1917 die Architektur anders geprägt war, gelang es, die Ganzheit des künstlerischen Eindrucks des am stärksten von Barock und Klassizismus geprägten historischen Stadtbildes zu bewahren. Trotz fast vernichtender Schäden während des Zweiten Weltkrieges und der Belagerung der Stadt konnte beinahe alles wiederhergestellt werden. Selbst „Verschandlungen" durch nachträgliche An- und Umbauten wurden beseitigt, sodass viele Paläste und Gebäude ihre eigentliche Form wiedererhalten haben.

Die im St. Petersburger Umland befindlichen Zarenresidenzen waren ebenso stark zerstört, sind aber teilweise mit großen Mühen wieder restauriert worden oder es wird noch daran gearbeitet. Das Winterpalais ist eines der imposantesten Gebäude der Stadt. Es wurde von 1752-1762 als Zarenresidenz im russischen Barock gebaut und beherbergt heute eine der bedeutendsten Kunstsammlungen der Welt: die Eremitage. Das Winterpalais erlangte während der großen sozialistischen Oktoberrevolution 1917 große Bekanntheit: Arbeiter, Soldaten und Matrosen erstürmten das Palais und beendeten damit die Zarenherrschaft in

**Metroplan St. Petersburg**

© Stein Verlag

Russland. Die Zarenfamilie Romanow musste 1917 vor den Revolutionstruppen fliehen, wurde von den Bolschewisten unter Arrest gestellt und nach Jekaterinenburg in Sibirien verschleppt und in der Nacht des 17. Juli 1918 erschossen. Die sterblichen Überreste wurden jedoch erst 1991 nördlich von Jekaterinenburg entdeckt, nach St. Petersburg überführt und 1998 in der Peter-Paul-Kathedrale schließlich feierlich bestattet. Der Verbleib der sterblichen Überreste von Sohn Alexei ist bislang noch ungewiss; sie konnten bei der Ausgrabung nicht gefunden werden. Die Zarenfamilie Romanow wurde im August 2000 von der russisch-orthodoxen Kirche heiliggesprochen.

1924 wurde St. Petersburg in Leningrad umbenannt, bekam den ursprünglichen Namen aber nach einer Volksabstimmung 1991 wieder zurück.

Während des Zweiten Weltkriegs wurde St. Petersburg vom 8. September 1941 bis 27. Januar 1944 fast 900 Tage von deutschen Truppen belagert. Auf Befehl Hitlers sollte die Stadt nicht erobert, sondern systematisch ausgehungert werden. Durch das Kappen jeglicher Versorgung starben über eine Million Zivilisten. Lebensmittel für die Millionenstadt konnten nur unter allergrößter Gefahr per Flugzeug oder im Winter über den vereisten Ladogasee nach Leningrad gebracht werden. Die Route über den See lag im Schussfeld der Wehrmacht und so kam meist nur jeder dritte Lkw in Leningrad an. Es gab kaum noch Heizmaterial. Allein im Dezember 1941 starben etwa 53.000 Menschen; vor Entkräftung fielen viele auf der Straße einfach um.

# St. Petersburg

1:50.000

① Peter und Paul Festung
② Peter und Paul Kathedrale
③ Marmorpalast
④ Eremitage und Winterpalast
⑤ Admiralität
⑥ Christi-Auferstehungs-Kirche
⑦ Russisches Museum
⑧ Newski-Prospekt
⑨ Isaak Kathedrale
⑩ Jussupow-Palast
⑪ Alexander-Newski-Kloster

0 m       600 m

*Wyborger Seite*

Bolschaja Newa

pr. Karla Marksa

Lesnoj prospekt

Kondratevski prospekt

Pirogovskaa naberežnaá

Sverdlovskaa naberežnaá

*Komsomol Street*

*Newa*

Voskresenskaá naberežnaá

Liteiny prospekt

Kiročnaá ulica

*Peski*

Suvorovski prospekt

Ligovskij prospekt

Dvorcovaja naber.

Gagenhoodtrovskiy Prospekt

Palastplatz

*Moika*

Nevsky prospect

③

④      ⑥  ⑦

⑤

Bolschaja Newa

Senate square

⑨

*Reka Mojka*

⑩

Voznesenskiy Avenue

Gorokovaja ul.

Sadovaja ul.

*Apraxin Dwor*

Fontanka

Platz
des Aufstands

Nevskij prospekt

⑧

nabereki Fontanki

Zagrodnyj prospekt

ulica Pravdy

*Reka Fontanka*

Ligovskij prospekt

⑪

*Troitskiy Avenue*

Dneprodzeržinskaá ulica

*Obvodny Canal*

*Wolkowo*

STEPMAP © Stepmap, 123map. Daten: OpenStreetMap - ODbL

*Schlossplatz und Generalstabsgebäude*

„Todesvögel stehen in der Luft
da Leningrad um Hilfe ruft.
Lärmt nicht, noch kann es atmend sich erheben,
hört: noch alles ist am Leben.
Auf der Ostsee tiefem Grund
stöhnen die Söhne im Schlaf sich wund.
„Brot!" - aus innersten irdischen Qualen
dringt dieser Ruf zu den Himmelsschalen.
Doch der Himmel hat kein Brot.
Und aus den Fenstern blickt der Tod."
Anna Achmatowa (1941)

Während der Blockade wurden ca. 150.000 Artilleriegeschosse und 100.000 Fliegerbomben auf die Stadt abgeschossen. 500.000 sowjetische Soldaten kamen bei Versuchen der Roten Armee, St. Petersburg zu befreien, ums Leben. Mit der Besetzung von Schlüsselburg gelang es 1943 die Stadt wieder zu versorgen; befreit wurde sie am 27. Januar 1944.

Mit mehr als 200 Palästen und Denkmälern ist die Fünf-Millionen-Stadt ein gewaltiger Touristenmagnet. Es gibt mehr als 200 Museen, 45 Galerien, 80 Theaterstätten, 100 Konzerthäuser und ca. 2.000 Bibliotheken. Dominierende Industriezweige sind Maschinen- und Schiffbau, Autoindustrie, Radioelektronik, Textilindustrie, Baustoffe, Medizingerätebau, erdölverarbeitende Industrie und Tourismus. Die ehemalige Schiffswerft Peters des Großen, die Admiralität, ist der Mittelpunkt des Straßennetzes, von wo aus der Newski-Prospekt in Richtung Osten verläuft.

St. Petersburg ist aber auch eine Stadt der Kontraste. Zum einen beeindrucken die prunkvollen Paläste und auf der anderen Seite sind besonders in den Außenbezirken die alten Plattenbauten sanierungsbedürftig. Da noch immer ca. 80 % der Immobilien Staatseigentum sind, fehlt es hier an Geld.

ℹ️   St. Petersburg, Sadowaja uliza 14, **Metro:** Gostini Dwor, 🕐 Mo bis Fr 10:00 bis 19:00, Sa 12:00 bis 18:00, ☎/FAX 7/812/319 28 22

# Newski-Prospekt

Die 4,5 km lange Flanier- und Einkaufsmeile ist die Prachtstraße von St. Petersburg und eine der berühmtesten Straßen Russlands. Sie wurde 1709 als Verbindung der Newa-Werft zur Verbindungsstraße nach Nowgorod gebaut. Die breite schnurgerade Prachtstraße orientierte sich an berühmten Straßen wie der Champs-Élysées; allerdings weist sie leichte Knicke auf. Entlang der Straße spiegelte sich im 19. Jahrhundert der Reichtum des Adels wider. Die zahlreichen Aristokraten bauten bedeutende Häuser, Palais, große lutherische und römisch-katholische Kirchen, die Kasaner Kathedrale, Cafés, Kinos, Museen und Philharmonien. 1785 entstand das zweitgrößte Kaufhaus Russlands: das 280 m lange

*Viele Möglichkeiten zum Stöbern auf dem Newski-Prospekt*

Kaufhaus „Gostini Dwor" (Gästehaus). Die erste Linie der Petersburger Straßenbahn verlief hier.

Später, nach der Oktoberrevolution 1917, verlor der Newski-Prospekt allerdings an Bedeutung; wurde aber bis zur 300-Jahr-Feier der Stadt im Jahr 2003 wieder aufwendig zum Glänzen gebracht.

Als **Prospekt** werden Hauptstraßen in russischen Städten bezeichnet.

> *„Es gibt nichts Schöneres*
> *als den Newski-Prospekt,*
> *jedenfalls nicht in Petersburg;*
> *für Petersburg ist er alles.*
> *Womit kann diese Straße,*
> *die Zierde unserer Hauptstadt,*
> *aber auch nicht glänzen!"*
> *Nikolai Gogol (1809-1852)*

Das Kaufhaus Gostini Dwor im klassizistischen Stil ist noch heute ein Muss für alle Besucher der Stadt. Es ist nicht mehr wie früher, als die Kaufleute aus dem ganzen Land kamen, ihre Pferde in den Innenhof unterstellten, sich im zweigeschossigen Gebäude ein Quartier suchten, um ihre Waren anzubieten. Heute reihen sich allein im Erdgeschoss, auf einer Länge von mehr als 1 km, Boutiquen mit Luxusartikeln westlicher Marken und teuren Souvenirs aneinander.

♦    St. Petersburg, Newski-Prospekt 35, 🕐 tägl. 10:00 bis 22:00

# Alexander-Newski-Kloster (1710)

Das russisch-orthodoxe Kloster wurde 1710 gegründet. Peter der Große soll diesen Standort bereits 1704 gewählt haben. Für den Zaren war der russische Fürst und beeindruckende Feldherr Alexander Newski ein großes Vorbild. Dieser kämpfte im 13. Jh. erfolgreich gegen die Schweden und wurde 1547 heiliggesprochen. An der Stelle, an der heute das Kloster steht, soll der russische Nationalheld und Heilige der russisch-orthodoxen Kirche, Alexander Newski, die letzte Rast vor der historischen Schlacht am 15. Juli 1240 gemacht haben. 2013 feierte das Kloster sein 300-jähriges Jubiläum. Als offizieller Geburtstag gilt der 7. April 1713, an dem die erste göttliche Liturgie stattfand.

Im Mittelpunkt der Klosteranlage befindet sich die klassizistische Dreifaltigkeitskathedrale. Ihre prachtvolle Innenausstattung mit der Ikonostase und verschiedenen Gemälden sind beeindruckend. Auf seinem Gelände befinden sich unter anderem das Grab Alexander Newskis, der Lazarus- und der Tichwinder Friedhof mit zahlreichen Prominentengräbern. Das Kloster erhielt 1797 durch Papst Paul I. den Rang eines Lawra, den höchsten Rang, den ein Kloster einnehmen kann. Es gibt in der russisch-orthodoxen Kirche nur vier Klöster dieses Rangs. Auf dem Lazarus-Friedhof (1716) liegen die Gräber zahlreicher Adliger

*Auf dem Lazarus-Friedhof*

und Baumeister des Russischen Reiches wie **Carlo Rossi**, Wassili Stassow und Iwan Starow sowie die Gräber des Mathematikers Leonard Euler und des Universalgelehrten Michail Lomonossow. Auf dem Tichwiner Friedhof liegen zahlreiche Künstler wie die Komponisten **Anton Rubinstein**, **Peter Tschaikowski**, **Nikolai Rimski-Korsakow**, **Modest Mussorgski** und **Michael Glinka**, der Schriftsteller **Fjodor Dostojewski**, der Ballettmeister **Marius Petipa** und der Maler **Iwan Krylow.**

♦ Lage: Nabereschnaja Reki Monastyrki 1, Metro: Ploschtschad Alexandra Newskowo, Klosteranlage: tägl. 5:30 bis 23:00, Friedhöfe: Nekropolis des 18. Jh. (ehemals Lazarus-Friedhof) tägl. außer Do. 10:00 bis 17:00, Nekropolis der Künstler (ehemals Tichwiner Friedhof) tägl. 10:00 bis 17:00, Eintritt: Kloster frei, Friedhöfe RUB 200, ☎ 812/274 16 12, 🖥 www.lavra.spb.ru

# Admiralität

Die prächtige vergoldete Spitze der ehemaligen Schiffswerft Peters des Großen ist 72 m hoch und das Wahrzeichen von St. Petersburg. Die Admiralität befindet sich am südlichen Newa-Ufer zwischen Dekabristen- und Schlossplatz. Sie beherbergt seit 1925 eine Marinehochschule.

*Admiralität*

1704/05 wurde mit dem Bau einer Schiffswerft begonnen. Bereits der erste Komplex hatte einen u-förmigen Grundriss. Umgeben von hohen Erdwällen und einem Wassergraben wurden im Innenhof die ersten Schiffe der russischen Flotte gebaut. In direkter Nachbarschaft entstanden in den folgenden Jahren prunkvolle Paläste. Die alte Schiffswerft wurde von 1806-1823 unter der Leitung des Architekten Sacharow in ein repräsentatives Gebäude umgewandelt, wobei die Wassergräben zugeschüttet und die Festungswälle abgetragen wurden. Das in drei Teile gegliederte klassizistische Bauwerk hat eine 407 m lange Hauptfassade und zwei je 163 m lange Seitenflügel.

♦   **Lage:** Admiralski Prospekt, **Metro:** Newski Prospekt

# Isaak-Kathedrale (1810-58)

Die südlich der Admiralität gelegene Kathedrale, prächtigste Kirche St. Petersburgs, sollte die Großmachtstellung Russlands dokumentieren. Die Silhouette der Stadt wird vom über 100 m hohen Kirchenbau mit der riesigen Kuppel geprägt. Mit ihren gigantischen Ausmaßen (111 m lang, 97 m breit und 101 m hoch) zählt sie zu den größten sakralen Kuppelbauten der Welt. Ursprünglich stand an der Stelle der heutigen Isaak-Kathedrale ein anderer Kirchenbau, der jedoch schon kurz nach seiner Fertigstellung als nicht prächtig genug erschien. Ein bis dahin völlig unbekannter französischer Baumeister namens Auguste Ricard de Monteferrand gewann mit 24 Entwürfen unterschiedlichster Stilrichtungen den ausgeschriebenen Architekturwettbewerb. Im Zweiten Weltkrieg wurde die Isaak-Kathedrale häufiges Angriffsziel. Trotz sofortiger Restaurierung nach Kriegsende sieht man vor allem auf der Südseite noch heute Granatsplitter.

◆  **Lage:** Isaakiewskaja Ploschtschad 4, **Metro:** Gostini Dwor, Newski Prospekt von dort
mit den Bussen Nr. 3, 22, 27, 🗂 tägl. außer Mi, 10:30 bis 18:00, Kolonnade tägl.
10:30 bis 22:30, während der „weißen Nächte" bis 4:30, ☏ 812/314 21 68,
FAX 812/315 97 32, 🖥 www.museum.ru/M116, 🖥 www.cathedral.ru,
📧 inter@cathedral.ru, Preis: Museum RUB 250, Kolonnade RUB 150

*Isaak-Kathedrale*

## Eremitage/Winterpalais

Die Eremitage ist das Glanzstück der Stadt. In den Räumen des ehemaligen Win-
terpalastes des Zaren, einem der Hauptwerke des russischen Barock, befindet
sich eines der größten und berühmtesten Kunstmuseen der Welt. Jährlich besuchen 3 bis 4 Mio. Gäste die immens große Sammlung europäischer bildender
Kunst und die weltgrößte Juwelensammlung. Werke von Leonardo da Vinci, Raf-
fael, Tizian, El Greco, Goya, Lucas Cranach dem Älteren, 25 Werke von Rem-
brandt, Vincent van Gogh, 37 Bilder von Henri Matisse, Pierre-Auguste Renoir,
Paul Gaugin, 31 Bilder von Pablo Picasso sowie Bilder von Édouard Manet und
Wassily Kandinsky machen die Sammlung einzigartig.

Der größte Teil der Exponate, die fünf Gebäude in Anspruch nimmt, ist im Winterpalais untergebracht. Von den fast 3 Mio. Ausstellungsstücken sind ganze 65.000 in sechs Sammlungen gegliedert:

▷     Prähistorische Kultur
▷     Kunst und Kultur der Antike
▷     Russische Kunst
▷     Kunst und Kultur der Völker des Ostens
▷     Juwelenschätze und numismatische Exponate
▷     Westeuropäische Kunst

Die letzte genannte Sammlung ist die bedeutendste, seit der größte Teil der russischen Kunst ins Russische Museum ausgelagert wurde. Die ursprüngliche Privatsammlung der Zaren ist seit 1852 öffentlich. Den Zweiten Weltkrieg und die Belagerung der Stadt überstanden die Kunstwerke im Keller der Eremitage. Die wertvollsten Exponate wurden zudem rechtzeitig ausgelagert.

**Eremitage** (franz. = Einsiedelei) stand im Europa des 18. Jahrhundert für kleine in Schlossparks errichtete Pavillons, deren Obergeschoss einer kleinen Anzahl von Gästen als Speisesaal diente. Mit Hilfe einer Art Lastenaufzug konnte der schon gedeckte Esstisch in die obere Etage hinaufgezogen werden. So blieb die kleine Gesellschaft ungestört vom Bedienungspersonal.

Die vier zur Eremitage gehörenden Bauten, die im 18. und 19. Jahrhundert errichtet wurden, sind: das Winterpalais, an das sich die Kleine Eremitage, die Alte oder Große Eremitage und die Neue Eremitage anschließen. Mitunter wird das Eremitage-Theater für Vorträge genutzt; im Foyer finden Sonderausstellungen statt. Zahlreiche bekannte Architekten, Baumeister und Künstler arbeiteten an den Gebäuden der Eremitage bzw. des Winterpalais. Unter **Katharina der Großen** wuchs die Zahl der Gemälde beständig an und machte den Bau eines noch größeren Gebäudes nötig. So wurde dann auch der Name Eremitage auf alle Gebäudeteile ausgeweitet, in denen die Gemäldesammlung untergebracht war.

Das Winterpalais erlitt während des Zweiten Weltkrieges starke Beschädigungen. Nach Abzug der Deutschen begann man umgehend mit der Restaurierung und konnte sie 1950 größtenteils beenden. Danach hinterließen Zeit und Besucherströme ihre Spuren und machten eine erneute, etappenweise Restaurierung

*Winterpalais*

nötig. 2005 konnte sie beendet werden, ohne dass die Eremitage zeitweise geschlossen werden musste.

Das Winterpalais ist dem Grundriss nach ein geschlossenes Viereck mit großem Innenhof. Die grün-weiße Farbe der vier unterschiedlich gestalteten Fassaden gibt dem Palais ein malerisches Antlitz. Dachbrüstung und Giebel sind mit 3,50 m hohen Statuen und Urnen geschmückt.

Im Malachitsaal und dem angrenzenden Weißen Esszimmer fanden im Oktober 1917 die letzten Sitzungen der Kerenski-Regierung statt. Nachdem die Bolschewisten das Winterpalais gestürmt hatten, wurden die Regierungsmitglieder in der Nacht vom 25. zum 26. Oktober 1917 gefangen genommen. Die Zeit, zu der dies geschah, zeigt noch heute die Uhr auf dem Kaminsims an.

♦ **Lage:** Schlossplatz (Dworzowaja nabereschnaja) 34, **Metro:** Newski Prospekt, Gostini Dwor, 🚋 Di, Do, Sa und So von 10:30 bis 18:00, Mi und Fr 10:30 bis 21:00, Mo geschlossen, Ticketbüro Di bis Sa von 10:30 bis 17:00, So von 10:30 bis 16:00, ☎ 812/571 34 20, 🖥 www.hermitagemuseum.org. Außer am Schalter des Museums können Sie die Eintrittskarten für die Eremitage über das Internet erwerben.

Eintrittskarten können online: ✆ service@shop.hermitagemuseum.org, mit Kreditkarte gekauft werden und Sie ersparen sich das zumeist lange Schlange stehen am Ticketschalter des Museums. Mit einer einfachen Eintrittskarte für die Staatliche Eremitage können Sie den gesamten Gebäudekomplex der Eremitage an der Dworzowaja Nabereshnaja besichtigen, der die Hauptausstellungssäle enthält. Sie haben damit Zutritt zu den Museumsausstellungen sowie zu den zeitweiligen Ausstellungen, die sich in fünf miteinander verbundenen Gebäuden befinden. Gültigkeit: 1 Tag; Preis: RUB 600, eine Eintrittskarte für 2 Tage kostet RUB 1.000. Am ersten Donnerstag des Monats ist der Eintritt frei.

Für weitere Museumseinrichtungen wie: die Ausstellung im Generalstabsgebäude, den Menschikow-Palast, das Winterpalais Peters des Ersten und das Porzellanmuseum müssen jeweils für RUB 300 Eintrittskarten gekauft werden. Foto- und Videoerlaubnis kosten je Rubel 200.

**ℹ** Informationen über die Arbeit des Museums und seine Dienstleistungen für Besucher erhalten Sie beim Besucherservice der Staatlichen Eremitage. ☎ des Besucherservice: 812/710-90 79, einen Rundgang mit Führung können Sie unter ☎ 812/571-84 46 bestellen.

# Puschkin (Zarskoje Selo) und der Katharinenpalast mit dem Bernsteinzimmer

25 km südlich von St. Petersburg befindet sich eine der schönsten Zarenresidenzen Russlands: Zarskoje Selo (Zarendorf).

Prunk und Schönheit des **Katharinenpalastes** sind atemberaubend. Besonders Katharina I., Katharina II., Alexander I. und Nikolaus II. liebten die im 18. Jahrhundert entstandene attraktive Zarenresidenz.

Zum 100. Todestag des größten russischen Dichters **Alexander Puschkin** bekam die Residenz 1937 den Namen Puschkin. Von 1811 besuchte er 7 Jahre lang die Eliteschule für Jungen in Zarskoje Selo und hier schrieb er auch seine ersten Gedichte. Heute heißt die Residenz wieder Zarskoje Selo und ein Denkmal erinnert an Alexander Puschkin.

Der prunkvolle, fast großspurige **Katharinenpalast** ist Hauptanziehungspunkt für Besucher und beeindruckt sie in der Regel nachhaltig. Die 300 m lange barocke Fassade mit ihren weißen Säulen, vergoldeten Atlanten und Fensterrahmen, seinen unvergleichlichen und einzigartigen Luxus verdankt der Palast vor allem dem Baumeister Rastrelli, der den Palast 1752 in seiner heutigen Form schuf. Von ihm wurde auch 1755 das von Mythen umrankte, legendäre und einzigartige **Bernsteinzimmer**

*Prachtvolle Decke im Katharinenpalast*

eingerichtet. Die dekorative Bernsteintäfelung, geschaffen von Andreas Schlüter, war 1717 ein Geschenk Friedrich Wilhelms I. von Preußen an Peter den Großen.

Bis heute sind atemberaubende barocke Säle erhalten geblieben, beispielsweise der „Große Saal". Er gehört zu den größten und prächtigsten europäischen Ballsälen. Der „Kavaliersspeisesaal" ist mit kostbarem Petersburger Porzellan und Kristall ausgestattet. Weitere sehenswerte Räume sind: das „Grüne Speisezimmer", der „Gemäldesaal", das „Blaue Gästezimmer" und das Schlafgemach von Maria Fjodorowna.

Auch die Geschichte der russischen Eisenbahn ist eng mit Zarskoje Selo vernetzt. Die erste russische Eisenbahnlinie wurde 1837 eingeweiht, um die Zarenfamilie zwischen dem Machtzentrum Petersburg und ihrer Lieblingsresidenz hin- und herzufahren. Der Impuls kam vom österreichischen Ingenieur Franz Anton von Gerstner. Er empfahl Zar Nikolaus I. 1835 das neue Verkehrsmittel in Russland einzuführen.

4 km vom Katharinenpalast errichteten die Betreiber der Bahnlinie einen Bahnhof. Er nahm schon damals das Konzept moderner Unterhaltungsparks vor-

weg. Neben Festsaal, Restaurant, Spielstätten und einem Garten, fanden im Sommer Bahnhofskonzerte mit Musikern von internationalem Ruf statt. Der Komplex entstand nach dem Vorbild des Musikpavillons der englischen Lady Jane Vaux („Vauxhall"). Bis heute heißen alle russischen Bahnhöfe „Woksal".

Die Zarenresidenz ist umgeben von einem künstlich angelegten und liebevoll gestalteten Park mit einem großen See und zahlreichen Teichen. Eine äußerst elegante Symmetrie hat der französische Garten vor dem Katharinenpalast. Auf einer Fläche von 600 ha befinden sich mehr als

*Innenansicht des Katharinenpalastes*

100 architektonische Bauten, zahlreiche Brücken, Skulpturen und Pavillons, die an die russischen Siege über die Türken erinnern.

♦ **Lage:** 25 km südlich von St. Petersburg, 🖥 www.tzar.ru (Seite des staatlichen Museums Zarkoje Selo mit ausführlichen Informationen über das Bernsteinzimmer in Englisch und Russisch). Erreichbar von St. Petersburg entweder mit dem Regionalzug (Elektritschka) vom Bahnhof Kupchino (blaue Linie) bis zur Haltestelle Puschkin (Djetskoje Selo) und von dort weiter mit den Bussen Nr. 371 oder 382 bis zur Sadowaja Uliza oder von der Metro-Station Moskowskaja (blaue Linie) in St. Petersburg mit dem Sammeltaxi (Marschrutka) Nr. 342 oder 545 direkt zum Katharinenpalast oder ebenso von der Metro-Station Moskowskaja (blaue Linie) mit dem Bus Nr. 187 zum Bahnhof Puschkin; 📞 Katharinenpalast Mi bis So 10:00 bis 17:00, Mo 10:00 bis 20:00, Di und letzter Mo im Monat geschlossen, Katharinenpark tägl. 7:00 bis 21:00, im Sommer bis 23:00; ☎ 812/465 21 96, 812/465 53 08, Eintrittspreise: Katharinenpalast mit Bernsteinzimmer RUB 700, Park RUB 120, 🖥 www.pushkin-town.net

*Katharinenpalast mit Kuppeln der Palastkirche*

# Peter-Paul-Festung        (📷 Seite 1)

Am Gründungstag der Stadt St. Petersburg begannen auch die Bauarbeiten der Peter-Paul-Festung. Sie stellt somit auch den Ursprung der Stadt dar. Die Natur stellte große Herausforderungen und beim Bau der Festung starben über 100.000 Leibeigene an Fieber, Seuchen und Entkräftung.

Kurz nach der Fertigstellung wurde die Festung mit ihren 12 m hohen Wällen und sechs Bastionen bereits als Gefängnis genutzt, um Gegner des Zaren zu inhaftieren. Prominente Gefangene waren Alexander, Sohn Peters des Großen, Teilnehmer des Dekabristenaufstandes wie der Schriftsteller **Dostojewski**, bevor er nach Sibirien deportiert wurde, **Maxim Gorki** und der Bruder Lenins, bevor er nach einem Attentatsversuch hingerichtet wurde. Nach der Oktoberrevolution wurde die Kerenski-Regierung als letzte Gefangene in der Peter-Paul-Festung festgehalten.

Die Festung befindet sich auf einer der Newa-Inseln, der Haseninsel. Zwei Brücken, die Johannesbrücke und die Kronwerkbrücke, verbinden sie mit dem Festland. Die Festung ist nicht nur wegen ihrer Ausstellungen und Museen ein Touristenmagnet. Sie dient auch als Erholungsort für die St. Petersburger und beherbergt zudem die Peter-Paul-Kathedrale. Die gesamte Festung zählt zum UNESCO Weltkulturerbe und ist auch auf dem 50-Rubel-Schein abgebildet.

Zu Zeiten Peters des Großen ertönten oft Kanonenschüsse von der Festung. So signalisierten sie beispielsweise Beginn und Ende der täglichen Arbeiten. Am 24. September 1873 ertönte erstmals ein Mittagsschuss von der Kanone in der Narischkin-Bastion. 1917 wurde der Kanonenschuss wieder abgeschafft um ihn 40 Jahre später, zum 250. Jubiläum der Stadt, wiedereinzuführen. Bis heute wird der Mittagsschuss um 12:00 abgefeuert.

♦ **Lage:** Petropawlowskaja krepost, **Metro:** Gorkowskaja, 🕐 täglich außer Mi und letzter Di des Monats von 10:00 bis 18:00 (das Festungsgelände selbst ist täglich von 8:30 bis 21:00 kostenfrei zugänglich), Preis: RUB 450 (gültig für die meisten Museen und Ausstellungen), RUB 200 für die Kaiserbastion, ☎ 812/230 64 31, 812/230 03 29, 812/232 94 54, 🖥 www.spbmuseum.ru/peterpaul

# Peter-Paul-Kathedrale        (📷 Seite 175)

Die von **Domenico Trezzini** geschaffene Kathedrale befindet sich auf dem Gelände der Peter-Paul-Festung. Sie wurde von 1713 bis 1722 erbaut; in ihrem Inneren wurden seit dem 18. Jahrhundert die meisten russischen Zaren beigesetzt. Normalerweise bestanden die Särge aus weißem Marmor, nur die Särge von Alexander II. und seiner Frau wurden aus grünem bzw. rotem Marmor gestaltet. Damit sollten sie für die Abschaffung der Leibeigenschaft unter ihrer Regentschaft besonders gewürdigt werden.

Der 122 m hohe Turm der Kathedrale mit einem 7 m hohen Engelsstandbild auf der vergoldeten Spitze war bis zum Bau des Fernsehturms im letzten Jahrhundert das höchste Gebäude der Stadt.

Für eine russisch-orthodoxe Kirche außergewöhnlich, hat die Peter-Pauls-Kathedrale eine Kanzel, die angeblich aber nur einmal benutzt wurde, um **Lew Tolstoi** 1902 aus der Kirche auszuschließen.

Vor der Kathedrale befindet sich eine der ältesten erhaltenen Friedhofsanlagen Russlands. Dort sind, für die damalige Zeit außergewöhnlich, sowohl Protestanten als auch russisch-orthodoxe Christen begraben.

◆     **Lage:** Petropawlowskaja krepost, **Metro:** Gorkowskaja, 🕐 täglich außer Mi von 10:00 bis 18:00, ☎ 812/238-05-11, RUB 450, 💻 www.spbmuseum.ru

*Grabmale der Zarenfamilie in der Peter-Paul-Kathedrale*

# Christi-Auferstehungs-Kirche     (Erlöser-Kirche auf dem Blut)

In Anlehnung an die Moskauer Basilius-Kathedrale wurde die Christi-Auferstehungs-Kirche von 1883-1897 an der Stelle errichtet, an der Alexander II. einem Attentat zum Opfer fiel. Sie ist das einzige Gebäude in der St. Petersburger

Christi-Auferstehungs-Kirche

Innenstadt, das sich nicht am westlichen Baustil des 19. Jahrhundert orientiert und somit eine Sonderstellung einnimmt.

**Alexander II.** (1818-1881), russischer Zar, stammte aus dem Haus Romanow-Holstein-Gottorp. Er wurde durch den Dichter Wassili Schukowski erzogen und galt als friedlich, weise und wohlwollend, leider auch als untreu und wenig tatkräftig. Er kam bei einem Sprengstoffattentat auf dem Newski-Prospekt ums Leben.

Die Blutkirche befindet sich am Gribijedow-Kanal. Das im altrussischen Stil errichtete Gebäude ist Anziehungspunkt vieler frisch Vermählter. Es nimmt eine Fläche von 7.000 m² ein und ist innen und außen mit reichlichen Mosaiken verziert.

♦    **Metro:** Newski Prospekt/Gostini Dwor, ⬚ täglich außer Mi von 10:30 bis 18:00 von Mai bis Okt. 10:00 bis 20:00, Preis: RUB 250, ☏ 812/314 21 68, 812/315 16 36, 🖥 www.museum.ru/M179

# Schloss Peterhof - „Russisches Versailles"

Der Peterhof ist eine riesige Palastanlage am Finnischen Meerbusen unweit von St. Petersburg. Das einst von Peter I. errichtete Gelände wird auch als „russisches Versailles" oder „Fontänen-Hauptstadt Russlands" bezeichnet. Bis weit in das 19. Jahrhundert hinein bauten seine Nachfolger die Anlage weiter aus, hauptsächlich indem sie die vorhandenen Gebäude vergrößerten.

Das Schloss Peterhof wurde an der Stelle gebaut, an der Peter der Große, auf dem Weg von Petersburg zur Festung Kronstadt, übersetzte.

Es entstanden Paläste und Gartenanlagen, die durch ihre einzigartigen Wasserspiele

*Festlich gedeckte Tafel im Peterhof*

beeindrucken. Die prächtige Parkanlage besticht mit ihren herrlichen Kaskaden und mehr als 150 Fontänen. Sie werden über ein ausgeklügeltes unterirdisches Rohrsystem gespeist und funktionieren ausschließlich durch das natürliche Gefälle. Im Zweiten Weltkrieg wurde die Palastanlage von deutschen Truppen erobert, besetzt und, insbesondere nachdem die Blockade Leningrads gescheitert war, schwer verwüstet. Trotz größter Schäden ist sie inzwischen längst wiederaufgebaut und restauriert und ist eines der wichtigsten Ausflugsziele für Touristen in St. Petersburg.

*Große Kaskade*

♦    **Lage:** knapp 30 km von St. Petersburg entfernt, Anfahrt ab **Metro**-Haltestelle „Awto-
wo": mit dem **Sammeltaxi** Nr. 224, Nr. 300, Nr. 424 oder Nr. 424-A oder mit den Bussen Nr. 200 oder 210; ab **Metro**-Haltestelle „Leninski Prospekt": **Sammeltaxi** Nr. 103
oder Nr. 420, ab **Metro**-Haltestelle „Prospekt Veteranow": **Sammeltaxi** Nr. 343 oder
Nr. 639 b oder ab **Metro**-Haltestelle: „Baltiskaja": Sammeltaxi Nr. 404.
Am elegantesten reist man wie der Zar übers Meer an. „Meteor"-Schiffe fahren von
St. Petersburg aus in 30 Min. zum Peterhof. Preis: RUB 500; Anlegestellen: Dwort-
sowaja Nabereschnaja 18 (hinter der Eremitage) und Admiralitejskaja Nabereschnaja 2 (Uferstraße hinter dem Ehernen Reiter)

*Seekanal mit Fontänenallee*

**Park:** täglich von 9:00 bis 20:00, Sa bis 21:00, die Fontänen tägl. 10:00 bis 18:00 in Betrieb, Sa bis 20:50, So bis 19:00, Preise: Park und Fontänen RUB 500

**Palast:** täglich außer Mo und am letzten Di des Monats von 10:30 bis 19:00 (Einlass bis 18:00), Sa bis 21:00 (Einlass bis 20:00), ☎ 812/450 52 87, Preise: RUB 700, 🖳 www.peterhofmuseum.ru

## Russisches Museum

Das Museum befindet sich im, vom Architekten Carlo Rossi entworfenen, Michaelspalais und ist ein Muss für St.-Petersburg-Besucher. Neben der Tretjakow-Galerie in Moskau beherbergt das Russische Museum die umfangreichste Sammlung russischer Kunst. Über 400.000 Ausstellungsstücke aus dem 10. bis

21. Jh.; darunter Ikonen, Malerei, Skulpturen, Grafik, traditionelles russisches Kunsthandwerk und moderne Kunst.

Alexander III. begann ursprünglich mit der berühmten Sammlung, Nikolaus der II. beschaffte weitere Stücke und komplettierte sie durch Teilbestände der Eremitage und des Alexanderpalastes in Zarskoje Selo. Durch die Enteignung des russischen Adels nach der Oktoberrevolution 1917 wuchs die Sammlung weiter. Auch ein Großteil der Bestände russischer Kunst aus der Eremitage wurde dem Russischen Museum überstellt. Zur Sammlung zählen weiterhin Werke der Ikonografie vom 11. Jh. bis zum Sozialistischen Realismus sowie inoffizielle und zu Sowjetzeiten nicht veröffentlichte Kunst aus dem 20. Jh. Dieser weltweit einzigartige Museumskomplex mit einer Fläche 30 ha ist in sechs historischen Gebäuden untergebracht.

*Rossistraße gespiegelt*

**Carlo Rossi** (1775-1849), italienisch-russischer Architekt, erlangte vor allem durch die Gestaltung großer Teile des St. Petersburger Stadtzentrums im klassizistischen Stil Bekanntheit. Beispiele seiner Arbeit sind unter anderem der Schlossplatz, der Platz der Künste, das Michaelspalais, In dem das Russische

Museum untergebracht ist, und das Alexandra-Theater sowie die direkt darauf zulaufende, nach ihm benannte Rossi-Straße.

♦   **Lage:** Inschenernaja uliza 4, **Metro:** Newski Prospekt/Gostini Dwor, ☐ täglich außer Di von 10:00 bis 18:00, Do 13:00 bis 21:00, die Kasse schließt jeweils eine halbe Stunde vorher, Preis: RUB 450 (Michaelspalais), RUB 500(gilt drei Tage und für drei Gebäude des Russ. Museums), ☎ 812/595 42 48, 812/314 34 48, für RUB 350 gibt es auch Audio-Guide in Deutsch.
    🖥 www.rusmuseum.ru

## Jussupow-Palast (auch: Moika-Palast)

Der klassizistische Palast wurde 1780 vom bekannten Architekten Vallin de La Motha erbaut. Der reichen Adelsfamilie Jussupow diente er damals als Galerie für ihre Gemäldesammlung. Bis Mitte des 19. Jahrhunderts wurden die Innenarbeiten vollendet. Sie strahlen Reichtum und Prunk aus und machten fast schon dem Winterpalais Konkurrenz.

Die im Obergeschoss befindlichen Räume sind klassizistisch ausgestattet (1830-1840); die Räume im Untergeschoss wurden später neoklassizistisch umgestaltet. Es gibt ein kleines neobarockes Jussupow-Theater mit 180 Plätzen, in dem noch heute Konzerte stattfinden. Obwohl er nur einer der vier Paläste ist, die die Jussupows im 18. und 19. Jahrhundert in St. Petersburg besaßen, ist er wegen seiner prunkvollen Innenarchitektur und des mysteriösen Mordes an Rasputin, dem vermeintlichen Wunderheiler des Zaren, ein viel besuchter Ort. Die Ermordungsszene ist in den Räumen des Palastes mit Wachsfiguren nachgestellt. Obwohl nach der Oktoberrevolution ein Großteil der Kunstschätze in die Eremitage verlagert wurde, ist ein großer Teil der wertvollen Innenausstattung erhalten und aufwendig restauriert worden.

Grigori Jefimowitsch **Rasputin** (1869-1916) war ein russischer Geistheiler und Wanderprediger. Bekanntheit erlangte er durch seine Fähigkeit, den Thronfolger des Zaren Nikolaus II., Alexei, der Bluter war, durch Gebet zu heilen, auch wenn aus medizinischer Sicht keine Heilung mehr möglich war. Im öffentlichen Leben wurde Rasputin stark angefeindet. Man warf ihm u. a. vor, dem Ansehen der Zarenfamilie zu schaden und politischen Einfluss auszuüben. Man bezeichnete ihn als Unglück Russlands und mit Beginn des Ersten Weltkrieges als Spion Deutschlands. Nach Attentaten 1912 und 1914 wurde er am 17.12.1916 von engsten Verwandten des Zaren im Jussupow-Palast ermordet. Drei Monate später wurde der Zar selbst gestürzt. Die Zarenfamilie wurde im Juli 1918 in Jekaterinenburg ermordet. In seinem Abschiedsbrief an den Zaren hatte Rasputin seine Ermordung innerhalb von zwei Jahren vorausgesagt.

*Im Jussupow-Palast – Szene kurz vor der Ermordung Rasputins*

◆　　**Lage:** Nabereschnaja Reki Moiki (Moika-Uferstraße) 94, **Metro:** Sennaja Ploschtschad, Sadowaja, 🕐 täglich von 11:00 bis 18:00 außer jeden ersten Mi des Monats, Kasse bis 17:00. Eintrittspreis: RUB 700, ☎ 812/314 88 93 (Gruppenanmeldungen für Führungen) oder 812/314 98 83 (Kasse), 🖥 www.yusupov-palace.ru.

**Literatur und Internetlinks**

Glockenturm Iwan der Große im Kreml (Moskau)

# 📖 Literatur zum Thema

- Peter Scholl-Latour: „Russland im Zangengriff: Putins Imperium zwischen Nato, China und Islam", Ullstein Verlag
- Christine Hamel: „Russland" (Kunst-Reiseführer), DuMont Reiseverlag
- Gaby Henze: „Russland-Knigge: Basiswissen in 50 x 2 Minuten", Heragon Verlag
- Aleksej Ilijc: „Russische Klöster", Hirmer Verlag
- Gerd Ruge: „Russland: Portrait eines Nachbarn", C.H. Beck Verlag
- Catherine Merridale und Bernd Rullkötter: „Der Kreml: Eine neue Geschichte Russlands", S. Fischer Verlag
- Claudia Sugliano: „Petersburg – Kultur und Landschaft", Verlag Karl Müller
- Ingrid Schalthöfer: „St. Petersburg – Literarische Spaziergänge", Insel Taschenbuch
- Hildegard Schaeder: „Moskau, das dritte Rom"
- Monika Rüthers (Hrsg.): „Moskau"
- Petra Knorr: „Das Russische Kochbuch", Komet-Verlag
- Irina Carl: „Russisch kochen – Gerichte und ihre Geschichte"
- Veronika Wengert: „Fettnäpfchenführer Russland: Was sucht der Hering unterm Pelzmantel?", Monbook Medien
- Eva Geberding: „Sankt Petersburg: Katharinenpalast – Wo das Bernsteinzimmer im neuen Glanz erstrahlt. Russischer Sommer – Bezaubernde „Weiße Nächte" erleben", Verlag Travel House Media
- Pia Thauwald: „St. Petersburg", Vista Point Verlag
- Gerhard Konzelmann: „Die Wolga. Schicksalsstrom der Völker", Lübbe Verlag
- Gregor Maria Schmid, Adelheid Rabus: „Die Wolga. Leben am längsten Strom Europas", Flechsing Verlag
- Fjodor Dostojewski: „Weiße Nächte: Eine Liebesgeschichte", Insel Verlag
- Manfred Hildermeier: „Geschichte Russlands: Vom Mittelalter bis zur Oktoberrevolution", C.H. Beck Verlag
- Wlada Kolosowa: „Russland to go: Eine ungeübte Russin auf Reisen", Goldmann Verlag
- Jeremy Howard. „St. Petersburg", National Geographic Verlag

*Holzhaus in Mandrogi*

- Hans-Peter Riese, Heiderose Engelhardt, Klaus Bednarz, Wladislaw Goworukhin, Fritz Dressler: „Russland: Moskau, St. Petersburg. Der Goldene Ring", Bucher Verlag
- Andreas Keller: „Wolga, Wodka und die schönen Frauen: Willkommen in Samara", Herder Verlag
- Guido Hausmann: „Mütterchen Wolga: Ein Fluss als Erinnerungsort vom 16. bis ins frühe 20. Jh.", (Historische Studien), Campus Verlag
- Matthias Schepp: „Gebrauchsanweisung für Moskau", Piper Verlag
- Melanie Rice, Christopher Rice: „Vis a Vis Reiseführer Moskau: Kreml, Museen, Cafés, Ballett, Stadtplan, U-Bahn, Kathedralen, Wodka, Parks, Spaziergänge", Reiseführerverlag Dorling Kindersley
- Ingrid Schalthöfer: „St. Petersburg: Literarische Spaziergänge", Insel Verlag
- Andrea Lütthans, Irina Zlotina: „Russenversteher", NBW-Verlag
- Wladimir Fedorowski: „Der Kreml – Russland und seine Herrscher", Piper Verlag
- Manfred Quiring: „Putins russische Welt: Wie der Kreml Europa spaltet", Ch. Links Verlag

◆      Thomas Franke: „Russian Angst: Einblicke in die postsowjetische Seele", Edition Körber

## 🖳 Internetlinks

◆      www.petersburg-info.de
◆      www.russlandinfo.de
◆      www.auswaertiges-amt.de
◆      www.fit-for-travel.de (reisemedizinischer Infoservice)
◆      www.russland.ru (Aktuelles über Russland)
◆      www.moskau.ru (Die Stadtzeitung)
◆      www.mdz-moskau.de (Moskauer Deutsche Zeitung)
◆      www.swr.de/schaetze-der-welt/kishi-pogost/-/id=5355190/nid= 5355190/did=5980730/19hwv67/index.html (Infos über Kishi)
◆      www.nordictravel.ru (Infos über Karelien und Kishi)
◆      www.vologda-oblast.ru (Region Vologda mit Goritsy)
◆      www.priority-world.ch/327901/index.html (Infos über den Goldenen Ring mit Jaroslawl und Kostroma, Moskau und St. Petersburg)
◆      www.sicher-reisen.de (Spezialist für Russland, Ukraine und Belarus)
◆      www.lexikon.freenet.de/Newa
◆      www.aktuell.ru/petersburg/sehenswert/ausflug/ladogasee_suesswasser_ bis_zum_horizont_13.html
◆      www.karelien.de
◆      www.petersburg-info.de/html/architekten_baumeister_st_pete.html
◆      www.russlandjournal.de (interessante und gut gemachte, aktuelle Seite über Russland)

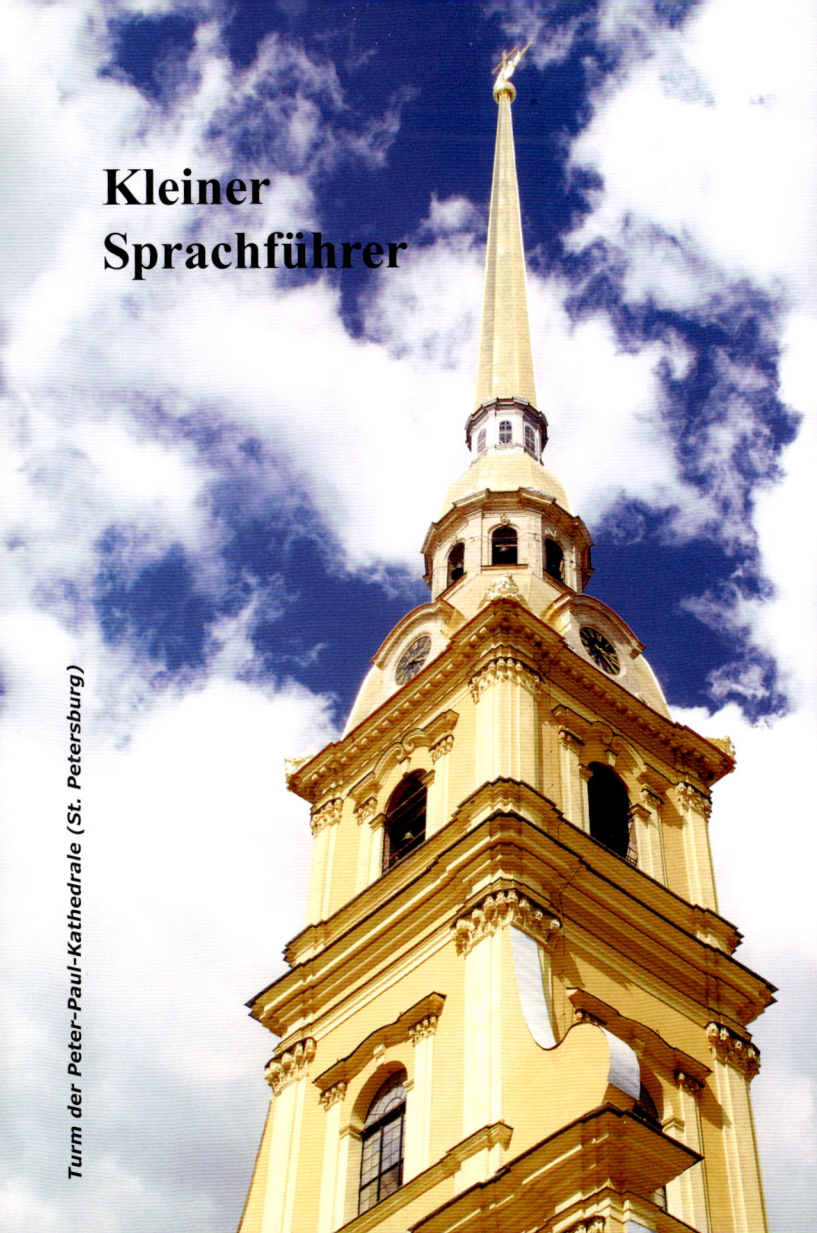

# Kleiner
# Sprachführer

Turm der Peter-Paul-Kathedrale (St. Petersburg)

# Kyrillisches Alphabet

| Buchstabe | deutscher Lautwert |
| --- | --- |
| А а | a |
| Б б | b |
| В в | w |
| Г г | g |
| Д д | d |
| Е е | je |
| Ё ё | jo |
| Ж ж | sch (weich z. B. Journal) |
| З з | s |
| И и | i |
| Й й | j |
| К к | k |
| Л л | l |
| М м | m |
| Н н | n |
| О о | o |
| П п | p |
| Р р | r |
| С с | s oder ss |
| Т т | t |
| У у | u |
| Ф ф | f |
| Х х | ch (angehauchtes h) |
| Ц ц | z |
| Ч ч | tsch |
| Ш ш | sch (z. B. Schnee) |
| Щ щ | schtsch |
| Ы ы | y oder i (z. B. Tisch) |
| Э э | e oder ae oder ä |
| Ю ю | ju |
| Я я | ja |
| Ь ь | (Weichheitszeichen) |
| Ъ ъ | (Härtezeichen) |

Das Härtezeichen hat keinen Lautwert, es dient zur Silbentrennung vor weichen Vokalen. Das so genannte Weichheitszeichen dient zur Erweichung des vorhergehenden Konsonanten. Zur genauen Transkription russischer Buchstaben in das Deutsche sind mitunter mehrere deutsche Buchstaben nötig. Im Russischen muss man auf die richtige Betonung bei der Aussprache achten, da sonst Missverständnisse vorprogrammiert sind. Das russische G wird in den Wortendungen -ogo und -ego stets als W ausgesprochen.

## Begrüßung/Abschied

| | | |
|---|---|---|
| Guten Morgen! | Доброе утро! | [dóbroje útro] |
| Guten Tag! | Добрый день! | [dóbry djen] |
| Guten Abend! | Добрый вечер! | [dóbry wétscher] |
| Gute Nacht! | Спокойной ночи! | [spakójnoj nótschi] |
| Hallo! Grüß dich! | Здравствуйте | [sdráwstwujtje] |
| | *(Begrüßung in Sie-Form oder mehrere Personen)* | |
| | Здравстуй | [sdráwstwuj] |
| | *(Begrüßung in Du-Form)* | |
| | Привет | [privjét] |
| | *(sehr persönliche Begrüßung)* | |
| Auf Wiedersehen! | До свидания! | [do swidánja] |
| Tschüss! | Пока! | [paká] |
| Gute Reise. | Счастливого пути. | [stschastlíwowo putí] |

## Nützliche Phrasen und Redewendungen

| | | |
|---|---|---|
| ja | да | [da] |
| nein | нет | [njet] |
| Danke. | Спасибо! | [spasíba] |
| Vielen Dank. | Большое спасибо! | [balschóje spasíba] |
| Bitte. | Пожалуйста. | [pascháluista] |
| Gern geschehen. | С удовольствием! | [sudawólstwijem] |
| Schade! | Жаль! | [schál] |
| Prost! | На здоровье! | [na sdarówje] |
| Guten Appetit! | Приятного аппетита! | [prijátnowo appetíta] |
| Entschuldigen Sie! | Извините! | [iswinítje] |
| Entschuldige! | Извини! | [iswiní] |
| Sprechen Sie Deutsch? | Вы говорите по-немецки? | |
| | [wy gawarítje pa-nemjétzki] | |
| Sprechen Sie Englisch? | Вы говорите по-английски? | |
| | [wy gawarítje pa-anglíjski] | |

| | | |
|---|---|---|
| Ich habe Sie nicht verstanden. | **Я вас не понял (m).** | [ja was nje pónjal] |
| | **Я вас не поняла (w).** | [ja was nje pónjala] |
| Wie bitte? | **Простите, что Вы сказали?** | |
| | [prastítje, schto wy skasáli] | |
| Können Sie mir bitte helfen? | **Можете-ли Вы мне помочь?** | |
| | [moschetje li wy mnje pamotsch] | |
| Woher kommen Sie? | **Откуда Вы приéхали?** | [atkúda wy prijéchali] |
| Ich komme aus Deutschland. | **Я приéхал/а из Гермáнии.** | |
| | [ja prijéchal/a is germánii] | |
| Ich heiße... | **Меня зовут …** | [menjá sawút] |
| Ich möchte gerne ... | **Мне хочется ...** | [mnje chótschetsja] |
| Pass | **паспорт** | [pasport] |
| deutsche Botschaft | **немецкое посольство** | [nemétskoje pasólstwo] |

## Gesundheit

| | | |
|---|---|---|
| Helfen Sie! | **Помогите!** | [pamagítje] |
| Arzt | **врач** | [wrátsch] |
| Zahnarzt | **зубной врач** | [subnój wrátsch] |
| Krankenhaus | **больница** | [balnítza] |
| Apotheke | **аптека** | [aptéka] |
| Rufen Sie einen Arzt. | **Вызовите врача, пожалуйста!** | |
| | [vysavitje wratschá pascháluista] | |
| Rufen Sie einen Krankenwagen | **(Вызовите) Скорую помощь, пожалуйста!** | |
| | [(vysavitje) skoruju pomoschtsch, paschaluista] | |
| Ich habe hier Schmerzen. | **У меня болит здесь ...** | |
| | [u menjá balít sdjés …] | |
| Ich habe Durchfall. | **У меня понос.** | [u menjá pónos] |
| Ich habe Fieber | **У меня температура.** | [u menjá temperatúra] |
| Mir schmerzt: der Kopf | **У меня болит: голова** | [u menjá balít galawá] |
| das Bein | **нога** | [u menjá balít nogá] |
| der Arm | **рука** | [u menjá balít ruká] |
| der Hals | **горло** | [u menjá balít górlo] |
| der Bauch | **живот** | [u menjá balít schiwót] |
| der Rücken | **спина** | [u menjá balít spiná] |
| das Herz | **сердце** | [u menjá balít sértze] |

# Einkaufen

| | | |
|---|---|---|
| Wo befindet sich …? | Где находится ...? | [Gdje nachóditsja …] |
| Wo ist … | Где … | [gdje …] |
| … ein Kaufhaus | … универмаг | [uniwermág] |
| … ein Supermarkt | … супермаркт | [supermarkt] |
| … eine Bäckerei | … булочная | [búlotschnaja] |
| … ein Markt | … рынок | [rýnok] |
| … eine Buchhandlung | … книжний магазин | [kníschnij magasín] |
| … ein Postamt | … почтáмт | [patschtámt] |
| Briefmarke | почтовая марка | [patschtówaja márka] |
| Postkarte | открытка | [atkrýtka] |
| Briefkasten | почтовый ящик | [patschtówyj jáschtschik] |
| | | |
| Wo ist bitte … | Где находится ...? | [gdje nachóditsja …] |
| … die nächste Bank? | … ближай ш ий банк | [blischeischij bank] |
| ... der nächste Geldautomat? | ... ближай ш ий банкомат | [blischeischij bankomát] |
| | | |
| Haben Sie…? | У Вас есть ...? | [u wás jést] |
| Das gefällt mir (nicht). | Это мне (не) нравится. | [éto mnje (nje) nráwitsja] |
| | | |
| Ich hätte gern … | Я хотел/а-бы ... | [ja chatjél/a-by …] |
| Wie viel? | Сколько? | [skólka] |
| Was kostet es? | Сколько это стоит? | [skólka éta stóit] |
| billig | дешёвый | [djeschowyj] |
| teuer | дорогой | [daragój] |
| geöffnet | открыто | [atkrýto] |
| geschlossen | закрыто | [sakrýto] |
| drücken | давить | [dawítch] |
| ziehen | тянуть | [tjanútch] |
| Eingang | вход | [wchod] |
| Ausgang | выход | [wýchod] |
| Wo sind die Toiletten? | Где находятся туалеты? | [Gdje nachodjatsa tualety] |
| | | |
| Damen | женьщины | [schénschtschiny] |
| Herren | мужщины | [muschtschíny] |

## Wochentage

| | | |
|---|---|---|
| Montag | понедельник | [panedjélnik] |
| Dienstag | вторник | [wtórnik] |
| Mittwoch | среда | [srjedá] |
| Donnerstag | четверг | [tschetwérk] |
| Freitag | пятница | [pjátnitza] |
| Samstag | суббота | [subóta] |
| Sonntag | воскресенье | [waskresénje] |

## Zeitangaben

| | | |
|---|---|---|
| heute | сегодня | [sewódnja] |
| morgen | завтра | [sáwtra] |
| gestern | вчера | [wtscherá] |
| täglich | ежедневно | [jeschednjéwno] |
| morgens | утром | [útrom] |
| mittags | днём | [dnjom] |
| abends | вечером | [wétscherom] |
| nachts | ночью | [nótschju] |
| Sekunde | секунда | [sekúnda] |
| Minute | минута | [minúta] |
| Stunde | час | [tschas] |
| Tag | день | [djen] |
| Woche | неделя | [nedjélja] |
| Monat | месяц | [mésjaz] |
| Jahr | год | [gód] |
| Jahrhundert | век | [bek] |
| Jetzt | сейчас | [sejtschás] |
| Wann? | Когда? | [kagdá] |
| Wie spät ist es? | Который час? | [katóryj tschas] |
| Es ist zwei Uhr. | Два часа. | [dwa tschassá] |
| Es ist halb zwei. | Половина второго. | [palawína wtarówo] |

## Geografische Begriffe

| | | |
|---|---|---|
| Platz | площадь | [plóschtschad] |
| Brücke | мост | [most] |
| Gebäude | здание | [sdánije] |
| Hafen | пристань | [prístan] |
| | порт | [port] |

| Haus | дом | [dom] |
|---|---|---|
| Rathaus | ратуша | [rátuscha] |
| Kirche | церковь | [tzérkow] |
| Gottesdienst | богослужение | [bógosluschénije] |
| Schloss, Burg | замок | [sámok] |
| Theater | театр | [teátr] |
| Museum | музей | [muséj] |
| Ausstellung | выставка | [wýstawka] |
| Besichtigung | осмотр | [asmótr] |
| Wann ist das Museum geöffnet? | Когда открывается музей? | |
| | [Kagdá atkrywajetsja muséj] | |
| Wann beginnt die Führung? | Когда начинается осмотр? | |
| | [Kagdà natschinajetsja asmótr] | |
| Denkmal | памятник | [pámjatnik] |
| Altstadt | старая часть города | [stáraja tschast góroda] |
| Stadtzentrum | центр города | [tzentr góroda] |
| Naturschutzgebiet | заповедник | [sapowédnik] |
| See | озеро | [ósero] |
| Fluss | река | [rjeká] |
| Dorf | село | [sjeló] |
| Stadt | город | [górod] |
| Straße | улица | [úlitza] |
| Hauptstraße | магистраль, главная улица | |
| | [magistrál, gláwnaja úlitza] | |
| Stadtrundfahrt | экскурсия по городу | [ekskúrsija pa gorodu] |
| Stadtplan | план города | [plan góroda] |

## Zahlen

| 0 | ноль | [nol] |
|---|---|---|
| 1 | один (m) | [adín], |
| | одна (w) | [adná], |
| | одно, (n) | [adnó] |
| 2 | два (m, n) | [dwa], |
| | две (w) | [dwje] |
| 3 | три | [tri] |
| 4 | четыре | [tschetýrje] |
| 5 | пять | [pjat] |

| 6 | шесть | [schest] |
| 7 | семь | [sjem] |
| 8 | восемь | [wósjem] |
| 9 | девять | [déwjat] |
| 10 | десять | [désjat] |
| 11 | одиннадцать | [adínnatzat] |
| 12 | двенадцать | [dwjenátzat] |
| 13 | тринадцать | [trinátzat] |
| 14 | четырнадцать | [tschetýrnatzat] |
| 15 | пятнадцать | [pjatnátzat] |
| 16 | шестнадцать | [schestnátzat] |
| 17 | семнадцать | [sjemnátzat] |
| 18 | восемнадцать | [wosjemnátzat] |
| 19 | девятнадцать | [dewjatnátzat] |
| 20 | двадцать | [dwátzat] |
| 21 | двадцать один (m) | [dwátzat adín], |
|  | одна (w) | [dwátzat adná], |
|  | одно, (n) | [dwátzat adnó] |
| 30 | тридцать | [trítzat] |
| 40 | сорок | [sórok] |
| 50 | пятьдесят | [pjatdisját] |
| 60 | шестьдесят | [schestdisját] |
| 70 | семьдесят | [sémdisjat] |
| 80 | восемьдесят | [wósjemdisjat] |
| 90 | девяносто | [dewjanósta] |
| 100 | сто | [stó] |
| 200 | двести | [dwésti] |
| 1000 | тысяча | [týsjatscha] |
| ½ | половина | [palawína] |
| ¼ | четверть | [tschétwert] |

## Unterwegs

| Wo? | Где? | [gdje] |
| Wohin? | Куда? | [kudá] |
| Wie weit? | Как далеко? | [kak dalekó] |
| Autobus | автобус | [awtóbus] |
| Straßenbahn | трамвай | [tramwáj] |
| Taxi | такси | [taksí] |

| Abfahrt | отправление | [atprawlénije] |
| Ankunft | прибытие | [pribýtije] |
| aussteigen | выходить | [wychodítch] |
| umsteigen | переходить | [perechodítch] |
| Polizei | полиция | [polítzija] |
| weit | далеко | [dalekó] |
| nah | близко | [blísko] |
| nach rechts | направо | [na práwo] |
| nach links | налево | [na ljéwo] |
| geradeaus | прямо | [prjámo] |
| Wo bitte ist … | Где находится ... | [gdje nachóditsja] |
| … der Flughafen? | … аэропорт | [aeropórt] |
| … die Haltestelle? | … остановка | [astanówka] (Bus/Straßenbahn) |
| | … станция | [stántzija] (Metro) |
| … der Taxistand? | … стоянка такси | [stajánka taksí] |
| Überqueren Sie … | перейдите через/ пересеките... [pereíditje tschéres]/[peresekitje] | |
| … die Brücke | … мост | [most] |
| … den Platz | … площадь | [plóschtschad] |
| … die Straße | … улицу | [úlitzu] |
| Geschäft | магазин | [magasín] |
| Ticket | билет | [biljét] |
| Geld | деньги | [djéngi] |
| Rechnung | счёт | [stschjot] |

**Restaurant**

| Frühstück | завтрак | [sáwtrak] |
| Mittagessen | обед | [abjéd] |
| Abendessen | ужин | [úschin] |
| Restaurant | ресторан | [restoran] |
| Kellner | официант | [afitziánt] |
| Kellnerin | официантка | [afitziántka] |
| Speisekarte | меню | [menjú] |
| Nationalgericht | национальное блюдо | [natzionálnoje bljúdo] |
| Die Speisekarte bitte | Меню, пожалуйста! | [menju, pascháluista] |
| Ich bin Vegetarier. | Я вегетарианец. | [ja vegetariánjetz] |
| Ich bin Vegetarierin. | Я вегетарианка. | [ja vegetariánka] |

| Die Rechnung bitte! | Счет, пожалуйста. | [schtschjot, paschálui-sta] |
| Trinkgeld | чаевые | [tschájewye] |
| Trinkgeld geben | дать на чай | [datch na tschaj] |
| Ich nehme … | Я возьму … | [ja wasmú] |
| Butter | масло | [máslo] |
| Brot | хлеб | [chleb] |
| Suppe | суп | [sup] |
| Fisch | рыба | [rýba] |
| Vorspeise | закуска | [sakúska] |
| Hauptgericht | главное блюдо | [gláwnoje bljúdo] |
| Nachtisch | десерт | [dessért] |
| Gemüse | овощи | [ówoschtschi] |
| Obst | фрукты | [frúkty] |
| Speiseeis | мороженое | [maróschenoje] |
| Kuchen | пирог | [piróg] |
| Messer | нож | [nósch] |
| Gabel | вилка | [wílka] |
| Löffel | ложка | [lóschka] |
| Getränke | напитки | [napítki] |
| Bitte ein Glas Wasser. | Пожалуйста стакан воды. | [pascháluista stakán wadý] |
| Mineralwasser | вода | [wadá] |
| Saft | сок | [sok] |
| Bier | пиво | [píwo] |
| Rotwein | красное вино | [krásnoje winó] |
| Weißwein | белое вино | [bjéloje winó] |
| Auf Ihr Wohl! | За Ваше здоровье! | [sa wásche sdarówje] |
| Kaffee | кофе | [kófe] |
| Tee | чай | [tschaj] |
| Milch | молоко | [malakó] |
| Zucker | сахар | [sáchar] |
| Salz | соль | [sol] |
| Pfeffer | перец | [périz] |
| Scharf | острый | [óstryj ] |
| Fleisch | мясо | [mjáso] |
| Brötchen | булочка | [búlotschka] |
| Apfel | яблоко | [jábloko] |

| | | |
|---|---|---|
| Birne | груша | [grúscha] |
| Himbeere | малина | [malína] |
| Pilze | грибы | [gribý] |
| Zwiebel | лук | [lúk] |
| Käse | сыр | [syr] |
| Kotelett | котлет(к)а | [katljét(k)a] |
| Spiegelei | (яичница-)глазунья | [(jaítschniza-)glasúnja] |
| Ist dieser Tisch noch frei? | Этот стол свободен? | [étot stol swabódjen] |
| Ist dieser Platz noch frei? | Это место свободно? | [éto mjésto swabódno] |

*Gespiegelte Christi-Auferstehungs-Kirche*

# Index

Kirchenensemble auf der Insel Kishi mit
Christi-Verklärungskirche

# A

# B/C

# D

# E/F

# G

# I/J

# K

# L

# M

# Leseprobe: Oh, dieses Russisch!

Auf den unbedarften Deutschen, der froh darüber ist, dass es im Russischen eine recht große Anzahl von deutschen Lehnwörtern gibt, mit denen er sein dürftiges Vokabular aufzubessern gedenkt, warten mehrere Fallstricke. Ich habe das selbst erfahren.

Mitunter ruft die Verwendung von in das Russische übernommenen deutschen Wörtern, wie z. B.: *штиль* (wörtlich: die Stille), Verständigungsschwierigkeiten beim Gesprächspartner hervor. Das Wort *штиль* bezeichnet im Russischen nur eine ganz besondere Art von „Stille", es wird praktisch nur im Zusammenhang mit „Windstille" in der Seefahrt verwendet. Ansonsten wird das Wort *тишина́* oder *зати́шье* (im Sinne von „Ruhe", „Stille") benutzt. Auch der *шторм* (Sturm) ist kein allgegenwärtiges Synonym für Winde und Stürme aller Art: er bezeichnet ausschließlich einen Seesturm.

Auch andere Wörter weisen im Russischen entsprechende Einschränkungen der Anwendbarkeit auf. So können wir im Deutschen mit dem Wort „Scheibe" von der Fensterscheibe, der abgeschnittenen Brot- oder Wurstscheibe, der Zielscheibe oder der Unterlegscheibe sprechen. Die *шайба* („Scheibe") gibt es auch in Russland, das Wort wird dort aber ausschließlich im Sinne einer metallenen Unterlegscheibe oder eines Eishockey-Pucks angewandt (Die Wurstscheiben bzw. abgeschnittene Scheiben eines Lebensmittels werden *ломтик* genannt). Die *штраф* („Strafe") wird ausschließlich im Sinne der Geldstrafe (*денежное взыскание*) z. B. als einzutreibender Strafzoll für nicht deklarierte, verzollungspflichtige Waren oder als Strafgebühr für Verkehrsvergehen verwendet, nichtmaterielle Strafen werden besser mit dem russischen Wort *наказание* umschrieben.

Das deutsche Wort *блиц* („Blitz") wird nicht für den Blitz (*молния*) beim Gewitter verwendet, sondern findet nur in zwei anderen Bedeutungen Anwendung: Einerseits als leistungsstarkes Licht bzw. „Blitzlicht" in der Fotografie anderseits im Sinne von *быстрый* („schnell", „rasch") oder *короткий* („kurz", „schnell") bei den aus der deutschen Sprache übernommenen Begriffen: *блиц-интервью* (Blitzinterview), *блицкриг* (Blitzkrieg) oder *блицтурнир* (Blitzturnier).

Ein weiteres „Problem" sind die Wörter, welche bei völlig identischer Schreibweise unterschiedliche Bedeutungen haben (in der Sprachwissenschaft werden sie als **Homonyme** bezeichnet). Verkomplizierend ist dabei die Tatsache, dass auch die Betonung der Wörter gleich ist, wie folgende Beispiele zeigen:

| *брак* | Ehe | *брак* | Ausschuss (schlechte Qualität) |
| *ключ* | Schlüssel | *ключ* | Quelle |
| *кабачóк* | Zucchini | *кабачóк* | (kleine) Kneipe |
| *свет* | Welt | *свет* | Licht |
| *мир* | Welt | *мир* | Frieden |
| *лук* | Zwiebel | *лук* | Kurve, Bogen |
| *пол* | Fußboden | *пол* | Geschlecht |
| *лáска* | Wiesel | *лáска* | Zärtlichkeit |
| *катóк* | Eisbahn | *катóк* | Rolle, Dampfwalze |
| *лайка* | Husky-Hund | *лайка* | (weiches) Glacéleder |
| *завод* | Fabrik | *завод* | (aufziehbares mechan.) Uhrwerk |

# Oh, dieses Russisch!

Hermann Zöllner

*Fremdsprech* Band 6

64 Seiten  ▶  5 Skizzen und Illustrationen

ISBN 978-3-86686-906-6

>> *Dieses Buch ist kein Reisesprach-führer, sondern eher eine amüsante Auseinandersetzung mit der russischen Sprache.*